SEIS GRANDES ESCRITORES RUSOS

MARIANO FAZIO

SEIS GRANDES ESCRITORES RUSOS

Segunda edición

EDICIONES RIALP, S. A.
MADRID

Manuel Uribe, 13-15. 28033
Madrid (www.rialp.com)

Preimpresión: produccioneditorial.com

ISBN: 978-84-321-4709-8
Depósito legal: M-27227-2022
Impreso en Anzos, S. L. (Fuenlabrada)

ÍNDICE

BREVE INTRODUCCIÓN

> «El frío es ausencia de calor. La oscuridad es ausencia de luz, el mal es ausencia de bien. ¿Por qué el hombre ama el calor, la luz, el bien? Porque son naturales. La causa del calor, de la luz, del bien es el sol, Dios. No hay un sol del frío y de la oscuridad, como no hay un Dios malvado».
>
> L. Tolstoi, *Historia de la jornada de ayer*

Rusia antes de la Revolución. Al son de esas palabras, nuestra imaginación vuela hacia Moscú: la Plaza Roja, el Kremlin, la Catedral de San Basilio, las cúpulas con forma de cebolla. También podemos soñar con San Petersburgo: las heladas orillas del Báltico, el Ermitage, la Perspectiva Nevski. Entre las dos ciudades, la estepa inacabable, cubierta de nieve en invierno, surcada por *troikas* o trineos tirados por caballos, que transportan viajeros cubiertos con pieles. No faltarán las imágenes de siervos de la gleba que trabajan duramente la tierra y que gastan sus pobres ganancias en vodka, y mujeres resignadas, cubiertas con un pañuelo en la cabeza, que hacen reverencias y encienden velas ante los iconos. También acudirán a nuestra memoria los zares de la familia Romanov y los popes de largas barbas con incensarios y vestidos litúrgicos dorados. Habrá lugar para los cosacos y los tártaros. En medio de esos edificios, paisajes y personajes, posiblemente veremos pasearse a Gogol, Dostoievsky o Tolstoi. Y como música de fondo sonarán las melodías de Tchaikovsky, Rimski-Korsakov o Mussorgsky.

Si bien Rusia fue durante mucho tiempo tierra periférica del Occidente, se nos hace familiar, entre otros motivos –y no es este el menos importante– gracias a la literatura del siglo XIX. Suscita admiración la acumulación de grandes nombres en un período de tiempo relativamente breve. Toda selección de representantes de una corriente cultural tiene siempre algo de subjetivo. En este libro de introducción a los clásicos rusos consideramos imprescindibles seis nombres: Aleksandr Pushkin (1799-1837), Nikolai Gogol (1809-1852), Ivan Turgenev (1818-1883), Fiodor Dostoievsky (1821-1881), Lev Tolstoi (1828-1910) y Anton Chejov (1860-1904). La crítica literaria ha oscilado entre Dostoievsky y Tolstoi a la hora de establecer el primado de la letras rusas. A mediados del siglo pasado, Chejov gozó de gran aceptación, hasta el punto de ser considerado, junto con Jorge Luis Borges, como uno de los mejores narradores del cuento corto de la literatura occidental[1]. En cuanto a los rusos mismos, todos miran a Pushkin como el precursor, padre e inspirador del siglo de oro de su literatura. En las décadas centrales del siglo XIX, el escritor más afamado era Turgenev.

La literatura rusa posee unas características propias: las historias suelen transcurrir en el vasto imperio del zar; predomina un análisis crítico de la situación social, política y económica; los autores suelen ser muy descriptivos tanto de los paisajes como de las costumbres de la ciudad

---

[1] Cfr. BLOOM, H., *Cómo leer y por qué*, Anagrama, Barcelona 2007, pp. 29-30 y 59-60.

y del campo; sobresalen los minuciosos análisis psicológicos de los personajes.

Todos estos elementos estarán presentes, con mayor o menor énfasis, en las grandes obras de su literatura. Pero lo que les apasiona a todos ellos es la búsqueda del ser nacional: «El tema común de todas estas obras es Rusia: su personalidad, su historia, sus costumbres, sus tradiciones, su esencia espiritual y su destino. De una manera extraordinaria, tal vez exclusiva, la energía artística del país estaba dedicada casi por entero al intento de aprehender el concepto de su nacionalidad. En ningún otro lugar del mundo el artista ha sufrido tanto la carga del liderazgo moral y de ser profeta nacional, ni tampoco ha sido más temido y perseguido por el Estado. Aislados de la Rusia oficial por los políticos y de la Rusia campesina por su educación, los artistas rusos se dedicaron a crear una comunidad nacional de valores e ideas a través de la literatura y del arte. ¿Qué significaba ser ruso? ¿Cuál era el lugar y la misión de Rusia en el mundo? ¿Y dónde se encontraba la verdadera Rusia? ¿En Europa o en Asia? ¿En San Petersburgo o en Moscú? (...). Estas eran las "preguntas malditas" que ocuparon la mente de todos los escritores, críticos literarios, historiadores, pintores, compositores, teólogos y filósofos de verdad de la edad dorada de la cultura rusa, desde Pushkin hasta Pasternak»[2].

Las respuestas dadas por nuestros autores a estas preguntas no son coincidentes: durante el siglo XIX es evidente la existencia de una pluralidad de visiones sobre Rusia y su destino. Pero aquí lo que nos interesa es subrayar que estos escritores, plenamente imbuidos en sus circunstancias, y siendo muy distintos por caracteres y posiciones

---

[2] FIGES, O., *El baile de Natasha*, Edhasa, Barcelona 2010, pp. 27-28.

políticas, culturales y religiosas, han dejado escritas páginas que trascienden completamente el dónde y el cuándo, para seguir hablando a la humanidad. Por esto mismo son clásicos: profundamente rusos, se abren a lo universal. Viene bien recordar aquí lo que escribía Chesterton en un ensayo sobre Dickens: «Tal como yo lo concibo, el escritor inmortal es comúnmente el que realiza algo universal bajo una forma particular. Quiero decir que presenta lo que puede interesar a todos los hombres bajo una forma característica de un solo hombre o de un solo país»[3].

Este libro es fruto de muchos años de lectura paciente de los clásicos rusos. Hemos convivido con decenas de personajes: «Jóvenes atormentados por una idea, modestos empleados públicos humillados por la vida, nobles que se maceran en la consciencia de su superfluidad, propietarios patriarcales enamorados de sus tierras, nihilistas víctimas de sus pasiones destructoras, mujeres caídas y sin embargo nobles, amantes apasionados y madres premurosas, querubines que descienden del cielo...»[4]. Como bien dice Ghini –ha sido también mi experiencia–, «cada uno de estos personajes nos arrastra en su historia, nos rapta a través de centenares de páginas, liberándonos solo en las últimas líneas de una novela que habríamos deseado que no terminara nunca, mientras la devorábamos para saber, cuanto antes, cómo iba a terminar. Con estos personajes nosotros amamos, odiamos, razonamos, entramos en su pandilla y nos peleamos»[5].

---

[3] CHESTERTON, G. K., *Dickens*, Ediciones Argentinas Cóndor, Buenos Aires 1930, p. 366.

[4] GHINI, G., *Anime russe. Turgenev, Tolstoj, Dostoevskj. L'uomo nell'uomo*, Ares, Milano 2015, p. 7.

[5] Ibidem.

En las siguientes páginas, después de dar un panorama de la historia y de la cultura rusas que servirá de contexto, vamos a presentar a cada uno de estos autores. En primer lugar, haremos un breve recorrido por la vida y la obra del escritor. Después, seleccionaremos algunos textos que nos parecen significativos para el lector del siglo XXI.

El siglo XIX ruso –al igual que el siglo XVII español o el XIX inglés– forma parte de esos períodos de la historia de la cultura que más que *chronos* son *kairós*, es decir, más que tiempo meramente cronológico son una condensación de tiempo espiritual[1]. Aprovechémonos de esa riqueza que no tiene una única patria ni una época exclusiva: nos pertenece a todos y es para todos los tiempos. Sus valores son eternos, porque, como diría Tolstoi, son naturales.

Buenos Aires - Roma, 2016

---

[1] Cfr. Lo Gatto, E., *La literatura rusa moderna*, Losada, Buenos Aires 1972; Mirskij, D.S., *Storia della letteratura russa*, Milano 1965.

1.
EN BUSCA DEL ALMA RUSA

El inmenso territorio ruso, acrecentado en el siglo XVIII y en las primeras décadas del siglo siguiente por la política expansionista de los zares, se extendía a finales del siglo XIX desde el Báltico hasta el Pacífico, y desde el Mar Negro hasta el Ártico. Dividida por los Urales, Rusia se presentaba como europea y asiática al mismo tiempo. Vista con ojos occidentales, era una nación exótica y para muchos, incomprensible.

Establecer la identidad nacional rusa ha sido siempre un desafío. El imperio del zar empieza a jugar un papel importante en Europa con el triunfo de las armas rusas sobre los suecos, a inicios del siglo XVIII. Reina Pedro I, de la familia Romanov, a quien después se le añadirá el adjetivo de Grande[1]. Será él quien en 1703 ponga los cimientos de San Petersburgo, a orillas del Báltico, en donde

---

[1] Para entender la personalidad del zar y su política de reforma, es muy útil la lectura de MASSIE, R., *Pedro I el Grande*, Alianza, Madrid 1987.

desembocan las aguas del Neva. La nueva ciudad era un proyecto grandioso y personal, con el que Pedro pretendía dejar atrás una tradición cultural considerada atávica y retrógrada: la nueva capital se abría al mundo occidental como una demostración de que también los rusos eran europeos, estaban abiertos al progreso y apreciaban las bellas artes. San Petersburgo se erige con moldes urbanísticos y estilísticos italianos, franceses y alemanes. Al igual que la nueva ciudad, la literatura, la música y la pintura rusas del siglo XVIII carecerán de originalidad, y buscarán modelos de inspiración en el extranjero.

El contraste entre esta ciudad y Moscú es grande. San Petersburgo, edificada sobre un terreno pantanoso, se construye con una rapidez asombrosa. Cincuenta años después de su fundación, presenta una imagen de fastuosidad que admira a los viajeros occidentales, pero también se advierte en ella algo de artificial en su diseño y concepción. Centenares de miles de siervos construyeron palacios, abrieron avenidas, talaron bosques y prepararon parques y jardines. En ese ambiente de esplendor, el zar vive rodeado de nobles, que gracias a las disposiciones de Pedro el Grande y sus sucesores fueron occidentalizando sus costumbres. El francés sustituyó muchas veces al ruso en el habla cotidiana de la élite, y las familias más adineradas superaban en lujo y comodidades a sus congéneres de Alemania, Francia o Inglaterra.

Moscú, en cambio, conservaba rasgos medievales. Las edificaciones eran en su mayor parte de madera. La Iglesia ortodoxa estaba omnipresente, con sus varias catedrales, monasterios e iglesias. Poco a poco se fue modernizando, sobre todo después del incendio de 1812: se aprovechó la destrucción de gran parte de la ciudad para abrir amplias avenidas y construir palacios de estilo europeo. Pero nunca se perdió el "aire" ruso de la ciudad. Muy distinta era la situación de San Petersburgo, «la ciudad más abstracta e intencional de todo el ancho mundo», como la definió Dostoievsky en sus *Memorias del subsuelo*. En Moscú había una intensa vida social, los restaurantes estaban repletos, en los mercados pululaban todo tipo de personajes que se buscaban la vida de muy diversas formas. No así en la nueva capital, que seguía el ritmo de la corte, donde todo estaba planificado y organizado: es la frialdad del ambiente que tan bien transmite Gogol en sus *Cuentos de San Petersburgo*.

¿Quién encarna la identidad rusa, Moscú o San Petersburgo? ¿Rusia debe mirar al Occidente o debe afirmar las tradiciones propias de sus humildes orígenes en torno al Ducado de Moscú, un mundo prevalentemente rural, austero, permeado de una religiosidad mística? A lo largo del siglo XIX se intentó dar respuesta a estas preguntas. Las dos posiciones fundamentales, no definidas taxativamente, fueron la de los occidentalistas y la de los eslavófilos.

Los occidentalistas sostienen que Rusia debe encaminarse hacia el progreso incorporando formas de vida y de pensamiento occidentales, y entre la nueva y la antigua capital optan por la primera, por todo lo que ella encarna de apertura, cosmopolitismo y visión de futuro. Entre los occidentalistas destacan las ideas filoromanas de Pëtr Caadaev[2], las posiciones estéticas del crítico Vasyrion

[2] Caadaev critica el pasado ruso: la causa de su atraso reside en su secular aislamiento. El futuro ruso pasa a través de la unión con Occidente y con el cristianismo romano, que ha sabido sacar consecuencias sociales del Evangelio. La Iglesia Ortodoxa tiene una gran espiritualidad, pero no liberó a los siervos de la gleba. Según Caadaev, la historia se mueve por ideas morales y religiosas. Rusia posee una gran tradición religiosa, que debe transformarse en una fuerza social de cambio y renovación.

Bielinsky, y toda la teoría política, social y económica de Alexandr Herzen, quien vivirá habitualmente en Londres, donde dirige el periódico *La campana*, instrumento de propagación de sus ideas renovadoras y socialistas.

Los eslavófilos, por su parte, tienden a subrayar la especificidad de la cultura rusa tradicional, y a veces la superioridad de dicha cultura respecto a la occidental. Según el principal representante de este movimiento, Alexei Khomyakov, el espíritu eslavo es esencialmente religioso. Libertad y amor se identifican en el alma de Cristo, y los cristianos ortodoxos deben hacer prevalecer estos sentimientos en la vida social. Este intelectual desarrolla el concepto de *sobornost'* (conciliaridad) como la característica más específica del alma rusa: contra el individualismo occidental, la ortodoxia presenta una visión comunitaria, en donde el mismo zar, guardián de la fe ortodoxa, cumple su función de ser la unidad en la multiplicidad.

Junto a Khomyakov, contra el que tuvo polémicas ardientes, el otro padre de la corriente eslavófila es Ivan Kireevskij, que considera que Rusia es la única nación que ha conservado el verdadero cristianismo, es decir la ortodoxia. El Occidente desarrolló un racionalismo formal, mientras la fe ortodoxa abre el camino para un conocimiento integral que encuentra en la verdad religiosa su centro especulativo.

En los años 60 y 70 del siglo XIX se produce el paso del movimiento eslavófilo al paneslavismo. La diferencia está en que el primero no tenía un cariz expansionista, mientras que el segundo, que tiene su origen en Europa central, toma fuerza en Rusia sólo después de la Guerra de

---

Cfr. PIOVESANA, G., *Storia del pensiero filosofico russo*, Paoline, Cinisello Balsamo 1992, pp. 96-105.

Crimea (1853-1856). En algunos sectores nacionalistas, la derrota bélica despierta la conciencia del destino ruso de proteger a los hermanos eslavos que se encuentran bajo el yugo del Imperio otomano. Será sobre todo Nikolai Danilevsky el gran profeta del paneslavismo ruso. Según el autor de *Rusia y Europa*, existe una incompatibilidad entre civilización eslava y civilización germánico-latina. La superioridad intelectual y religiosa de los eslavos imponía una lucha contra el Occidente, guiada por el pueblo eslavo preponderante, el ruso. Danilevsky considera que el cristianismo occidental –fundamentalmente la Iglesia Católica– distorsionó la verdad cristiana por causa de su alianza con el poder político. Este hecho provocó una lucha contra la Iglesia, defensora de la escolástica oscurantista, que tuvo como consecuencia tres anarquías: la anarquía religiosa –es decir, el protestantismo–; la anarquía filosófica, que desemboca en un materialismo escéptico; y la anarquía sociopolítica manifestada en el creciente democratismo político y feudalismo económico. Rusia debe liberar a sus hermanos eslavos de estas anarquías, e imponer la ortodoxia, que trae consigo las instituciones y tradiciones rusas[3].

Después de esta presentación somera de las dos corrientes clásicas, es necesario advertir que la mayoría de los intelectuales se encontraba a mitad de camino entre occidentalistas y eslavófilos. Admitiendo la necesidad de reformas, apreciaban las tradiciones y costumbres rusas. A esta posición moderada ayudó un hecho crucial: en

---

[3] Cfr. CHUDOBA, B., *Rusia y el Oriente de Europa*, Rialp, Madrid 1980, pp. 159-205. Para las teorías políticas de eslavófilos y paneslavistas cfr. G. PIOVESANA, G., cit, pp. 106-134 y 213-240. Cfr. también SATTA BOSCHIAN, L., *Ottocento russo. Geni, diavoli e profeti*, Studium, Roma 1996.

1812 Napoleón es derrotado por el ejército del zar, y el emperador debe alejarse de Moscú con el rabo entre las piernas. Es la epopeya descrita en *Guerra y Paz* de Tolstoi. La autoestima nacional recobra vigor, y si bien jamás se deja de pensar en Rusia como parte de Europa, se vuelve la mirada hacia las propias tradiciones y a las peculiaridades del pueblo. Los siervos demostraron un patriotismo acendrado, y muchos nobles revalorizaron el papel del pueblo llano en la construcción de una comunidad nacional que empezaba una nueva etapa después de las glorias de 1812. A partir de ese año se refuerza el uso de la lengua rusa en la aristocracia –en una paulatina sustitución del francés–, se popularizan las formas de vestir tradicionales, y la *haute cuisine* francesa es reemplazada por los fuertes platos de la cocina local: sopa de col o de remolacha, gelatinas de pescado o de carnes, licores de cerezas, setas en escabeche, etc.

Algunos miembros de la aristocracia sueñan con reformas a favor de los siervos. Serán los que lleven a cabo la rebelión de diciembre de 1825 –la de los llamados *decembristas*– que será ahogada en sangre por el autoritarismo de Nicolás I, recién ascendido al trono después de la renuncia de su hermano Constantino. Pretendían una monarquía constitucional y la abolición de la servidumbre. Si bien, como acabamos de decir, estos nobles tomaron conciencia de su identidad rusa, no dejaron por eso de profesar ideas liberales y consideraban que la adopción de algunas reformas sociales inspiradas en las instituciones europeas contribuirían al progreso de Rusia. El príncipe Sergei Volkonsky, uno de los nobles decembristas, escribió que volver a Rusia, después de haber estado en Londres y París, «era como regresar a un pasado prehistórico»[4].

---

[4] FIGES, O., *El baile de Natasha*, cit., p. 130.

Si en los decembristas había ideas tanto de los occidentalistas como de los eslavófilos, algo análogo se puede afirmar de los populistas. Se trata de un movimiento social que se desarrolla en la segunda mitad del siglo, y que implica una "marcha hacia el pueblo". Muchos hijos de aristócratas y universitarios van al campo para trabajar codo a codo con los campesinos. Quieren identificarse con el pueblo para redimirlos de su pobreza e ignorancia. El alma rusa reside en las comunidades rurales, a las que hay que ayudar para que se liberen de la superstición y de la opresión política, pero respetando su modo de vida, que encarna la quintaesencia de lo ruso. Las misiones de estudiantes universitarios que propagan ideas socialistas y materialistas en las comunidades rurales, y el rechazo de los campesinos a esas nuevas ideas es un proceso que causa gracia y pena a la vez: la *intelligentsia* había mitificado el mundo de los *mujiks* –campesinos–, quienes consideraban las novedades políticas y religiosas como heréticas y desleales a la obediencia debida al zar. Bazarov, protagonista de la novela *Padres e hijos*, de Turgenev, personifica bien al intelectual petulante que no es entendido por los sencillos campesinos, que lo miran como a un payaso. Cuando Levin, en *Ana Karenina*, pregunta a un campesino qué opina de la guerra en los Balcanes, este se limita a contestar: «¿Opinar? Eso no es asunto nuestro. Nuestro zar Alexandr Nikoláevich sabe mejor que nosotros lo que debe hacer».

En el vasto panorama cultural ruso hay lugar también para una reivindicación del pasado tártaro y una revaloración del espacio asiático conquistado a partir del siglo XVIII. Muchas de las familias más tradicionales de Rusia tenían apellidos de origen mongol, tártaro o turco, pues a pesar de los continuos enfrentamientos militares también hubo procesos de simbiosis cultural, matrimonios y asentamientos de los pueblos derrotados en lo que se fue transformando en territorio ruso. El Cáucaso ocupó un lugar importante en el imaginario de los escritores del siglo XIX como una especie de edén, de naturaleza intacta, salvaje, con tintes propios de Rousseau. Pushkin, Gogol, Tolstoi ofrecen una visión romántica de esa tierra todavía cubierta con un halo de misterio para la mayoría de la población europea.

¿Europeos o asiáticos? Herzen decía que Nicolás I era un "Gengis Kan con telégrafo". No era el único que atribuía el despotismo del régimen político del zar a la influencia asiática. Los europeos miraban a los rusos como gente salvaje, de rasgos orientales. Dostoievsky, en uno de los artículos de su *Diario de un escritor*, escribía lo siguiente: «Rusia no se encuentra solo en Europa sino también en Asia (...). Debemos hacer a un lado nuestros serviles temores de que Europa nos llame bárbaros y asiáticos y proclamar que somos más asiáticos que europeos (...). Esta visión errónea de nosotros mismos como exclusivamente europeos y no asiáticos (aunque jamás hayamos dejado de ser esto último) (...) nos ha costado muy cara en estos dos últimos siglos, y hemos pagado por ello con la pérdida de nuestra independencia espiritual (...). Es difícil apartarnos de nuestra ventana a Europa; pero lo que se juega es nuestro destino (...). Cuando nos volquemos a Asia y la veamos de una manera nueva, es posible que nos ocurra algo similar a lo que sucedió en Europa cuando se descubrió América. Puesto que, a decir verdad, para nosotros Asia es esa misma América que aún no hemos descubierto. Con nuestro empuje hacia Asia resurgirán nuestro ánimo y nuestra fuerza (...). En Europa éramos parásitos y esclavos, mientras que en Asia seremos los amos. En

Europa éramos tártaros, mientras que en Asia podemos ser europeos. Nuestra misión, nuestra civilizadora misión en Asia alentará nuestro ánimo y nos impulsará; lo único que hace falta es iniciar ese movimiento»[5].

Fueron muchos los debates sobre el alma rusa y las características propias del ser nacional. Una nación es una realidad espiritual, muy difícil de definir. Pero es sano intentar al menos vislumbrar los elementos definitorios de la propia identidad, aunque nunca se llegue a una respuesta definitiva. El debate ruso del siglo XIX cobra gran actualidad en los momentos actuales, cuando Occidente no sabe cómo reaccionar –porque no sabe quién es, pues ha perdido la memoria de sus raíces[6]– frente a las amenazas de otras culturas que sí cuentan con una fuerza identitaria definida.

* * *

Tanto los occidentalistas como los eslavófilos, paneslavistas, decembristas o populistas se toparon con el régimen de los zares, que implicaba censura para las ideas políticas o sociales que no coincidieran con la autocracia. La literatura fue un canal para desarrollar la visión crítica y proponer cambios, aunque siempre con la prudencia requerida teniendo en cuenta el régimen político. Durante el siglo XIX gobiernan cinco zares: Alejandro I (1801-1825), de rasgos místicos; Nicolás I (1825-1855), autoritario y antiliberal; Alejandro II (1855-1881), que inaugura una época de reformas y que será asesinado en

---

[5] DOSTOIEVSKY, F., *Diario de un escritor*, citado por FIGES, O., cit., p. 501.

[6] Cfr. RATZINGER, J. – PERA, M., *Senza radici*, Mondadori, Milano 2000.

1881 por un grupo de anarquistas, a quien sucede Alejandro III (1881-1894), de ideas reaccionarias y talante conservador. El último de los zares es Nicolás II (1894-1917), quien derrotado en la guerra ruso-japonesa e incapaz de manejar la explosiva situación social de los primeros años del siglo XX, asiste impotente a la Revolución de octubre. Fue fusilado junto a toda su familia en Ekaterinova en 1918 por los revolucionarios. Su trágica muerte pone fin a la dinastía Romanov[7].

En este siglo largo hay hitos históricos insoslayables, que estarán presentes en las grandes obras de la literatura rusa. A algunos ya hicimos referencia: la victoria rusa sobre Napoleón en 1812; la rebelión de ideología reformadora y liberal de los decembristas en 1825; la Guerra de Crimea, entre 1853 y 1856, en la que Rusia es derrotada por las fuerzas anglo-francesas. En 1861 se da la liberación de los siervos, y en 1864 una vasta reforma administrativa. La victoriosa guerra contra el Imperio otomano (1877-1878) despierta el sentido pan-eslavista de algunos intelectuales. En 1905 Rusia es derrotada por el Imperio japonés. Se abre un período de reformas liberales, cuyo fracaso llevará a la Revolución rusa de 1917, profetizada por Dostoievsky y vislumbrada por Tolstoi, que muere en 1910.

* * *

Desde un punto de vista más sociológico, la nobleza, el clero y el campesinado eran los componentes de la sociedad decimonónica. A la cabeza del vasto imperio se encontraba el zar, con un poder autocrático, rodeado de una

[7] Sobre el último de los zares cfr. MASSIE, R., *Nicolás y Alejandra. El amor y la muerte en la Rusia imperial*, Ediciones B, Barcelona 2004.

nobleza numerosa, propietaria de tierras que dominaban como señores absolutos. A esta situación se llegó después de una larga historia. Vamos a contar sus momentos principales, pues serán tomados como argumentos centrales en la tradición literaria posterior.

En el siglo X, la princesa Olga y su nieto Vladimir, duque de Kiev, reciben el bautismo. Inicia así la historia del cristianismo en la región llamada *Rus*, nombre de origen normando, pues los vikingos dominaron en el siglo IX sobre las ciudades fundadas anteriormente por los eslavos. La fuente del cristianismo oriental será Constantinopla, unida todavía en ese momento a Roma. La ciudad de Kiev va tomando preponderancia en la zona, y se hace fuerte en la lucha contra los búlgaros. Incluso alguna vez se atreve a desafiar al Imperio Romano de Oriente. Moscú todavía no aparece en el horizonte histórico.

En el siglo XIII todas las tierras bañadas por los ríos Dnieper y Volga son conquistadas por los mongoles. Establecen la llamada Horda de Oro, es decir una provincia dependiente del imperio mongol. La única ciudad que permanece relativamente independiente es Novgorod, en el norte. En la mitad de ese siglo surge en torno a Novgorod una figura histórica que estará omnipresente en la literatura rusa moderna: Alejandro Nevsky, héroe que defiende el territorio de Novgorod contra los suecos y la Confederación polaco-lituana, si bien mantiene una subordinación con el imperio mongol. Nevsky es caracterizado siempre no solo por su valor militar sino también por sus virtudes cristianas.

Hay que esperar hasta 1380 para ver a Moscú entrar en la historia por la puerta grande. En ese año, el duque de la futura capital vence al gobernador mongol de Samai. Fue una victoria no definitiva, pues a los dos años los mongoles recuperan la ciudad. Pero había comenzado el gran recorrido histórico de Moscú, ciudad que adquiere todavía más importancia pues allí se traslada el Patriarcado ortodoxo de Kiev.

En el siglo XV los mongoles son derrotados por el duque Iván III de Moscú, quien en 1472 se casa con Sofía Paleólogo, la sobrina del último emperador de Constantinopla. Moscú pasa a ser la "Tercera Roma", después de Roma y Constantinopla, que acababa de caer en poder de los turcos.

El sucesor de Iván III es Iván IV, más conocido como *Iván el Terrible*, quien también será protagonista de las obras literarias y musicales de los siglos XIX y XX. El despotismo con el que gobierna, y el poder ilimitado y arbitrario que da a los jefes del ejército manifestaban que las costumbres mongolas continuaban vivas. Llegará a matar a su hijo y heredero. A Iván el Terrible le sucede su hijo menor, quien tendrá como tutor a quien después ejercerá el poder y será otro personaje literario de primer orden, Boris Godunov. Boris tuvo que enfrentar muchas dificultades, y terminará siendo asesinado por los nobles. Da la impresión de que estaba sinceramente movido por el bien de sus súbditos. Después de su muerte se cae en un período de confusión y de guerra tanto interna como externa –los *tiempos turbulentos*– del que se sale cuando es coronado, en 1613, un aristócrata de nombre Miguel Romanov, fundador de la dinastía de los zares que gobernarán Rusia hasta 1917.

Los Romanov establecen un sistema político basado en la autocracia. Los grandes zares del siglo XVIII –Pedro el Grande y Catalina II– beben tanto de la tradición mongola como del absolutismo francés. Los nobles –ya sean los pertenecientes a las familias tradicionales como los que adquirieron recientemente el título– se dedican al servicio del Estado y poseen grandes extensiones de tierra. Crece la importancia del ejército, el Estado amplía su capacidad económica con explotaciones mineras, y poco a poco se va desarrollando un aparato policíaco, que en los peores momentos se convierte en un sistema represor. Gran parte de los campesinos se transforman en siervos: pagan los tributos a los nobles, deben trabajar dos o tres días para sus señores; están sometidos a la justicia señorial; son reclutados por sus amos para el ejército del zar; pueden ser comprados o vendidos según la conveniencia de sus propietarios.

La Iglesia ortodoxa era el apoyo espiritual de la Rusia zarista. Ya hemos visto sus orígenes en Constantinopla. El centro religioso pasa de Kiev a Moscú, ciudad que se considera la sucesora de la capital del Imperio Romano de Oriente. El traslado del Patriarcado a Moscú, el reconocimiento por parte de varios obispos de esa sede como la Metropolitana dio al Patriarca un prestigio muy grande y un poder político que a veces eclipsó al poder del zar. Pero en la Rusia autocrática de Pedro no había lugar para una Iglesia independiente: en 1721 suspende el Patriarcado, y la Iglesia pasa a ser gobernada por el Santo Sínodo, a cuya cabeza se encuentra un funcionario designado por el mismo zar. Desde el poder político se intentó diluir la doctrina, transformando al cristianismo en un humanitarismo sentimental de tintes ilustrados.

Durante el siglo XIX hay un resurgir de la espiritualidad, no por obra de la jerarquía sino sobre todo por el reforzamiento de los monasterios, que siempre fueron centros de vida mística, santidad y ascetismo. Miles de peregrinos acuden allí para recibir consejos de vida, y también limosna y ayuda material. Entre los monasterios más famosos hay que citar al de Optyna Pustyn, visitado por casi todos los grandes escritores que estudiaremos. Figura principal de un monasterio es el *starets* o anciano, que guía a las almas desde su propia vida interior. El ejemplo literario más logrado de un *starets* es el de Zósima, en *Los hermanos Karamazov*. Los monjes eran célibes y bien formados espiritualmente, a diferencia de los sacerdotes de las aldeas, habitualmente cabezas de familia, bastante ignorantes y que no gozaban de mucho prestigio entre sus feligreses.

Junto al creciente prestigio de los monjes y a la decadencia de los sacerdotes, otro fenómeno importante es el de las sectas: el pueblo ruso, profundamente religioso, fue siempre un caldo de cultivo para el surgimiento de grupos extremistas, con visiones apocalípticas, anárquicas o utópicas. El grupo disidente más importante es el de los *Viejos Creyentes*, escisión de la Iglesia oficial producida en el siglo XVII, cuando un grupo de fieles no aceptó unos cambios litúrgicos. Condenaron todo tipo de reformas –también las políticas y sociales del zar Pedro–, y fueron sistemáticamente perseguidos por el Estado. Se calcula que tenían decenas de millones de seguidores. Además, pululaban por Rusia peregrinos que visitaban los santuarios esparcidos por todo el territorio, o los ermitaños que vivían aislados, o los *santos tontos* o *santos locos*. Todos estos personajes han sido retratados en las novelas rusas del siglo XIX: Makar es un peregrino y uno de los personajes de *El adolescente*, de Dostoievsky; en su autobiografía novelada *Infancia*, Tolstoi nos presenta un santo loco, así como se hace referencia en *Guerra y Paz* a peregrinos y santos tontos.

El pueblo fiel seguía con devoción las prácticas rituales y sacramentales prescritas por la Iglesia. Toda la vida del hombre estaba ritmada por los sagrados ritos: bautismo, bendiciones, matrimonio, funerales eran momentos centrales de la existencia humana. Los días de ayuno y las fiestas litúrgicas en honor de la Santísima Trinidad, la Virgen y los santos eran más numerosas que en Europa occidental. La liturgia ortodoxa subrayaba los misterios del cristianismo: las oraciones cantadas, la profusión en el uso del incienso, el continuo persignarse frente a las imágenes, las reverencias profundas introducían al cristiano en un mundo sobrenatural, preludio del Reino de los Cielos. En las obras literarias del siglo XIX encontraremos continuas referencias a este mundo litúrgico-ritual, que no pertenecía exclusivamente a los ricos templos rusos: en toda casa se hallaba el "rincón de los iconos", a donde se dirigían, para persignarse y rezar, todos los que entraban en una casa. Pero junto a una fe devocional y ritualista convivían una profunda ignorancia del dogma y prácticas supersticiosas pre-cristianas que no habían desaparecido de la población rural.

La mayor parte de la población pertenece al campesinado. Fieles al zar, por quien manifiestan una veneración religiosa, están sometidos hasta 1861, como hemos visto, al poder omnímodo de los señores. Después de la emancipación de los siervos su vida no cambió radicalmente, y las relaciones de dependencia y en algunos casos de opresión continuaron presentes, porque los antiguos siervos –ahora ya jurídicamente libres– siguieron trabajando para las mismas tierras de sus antiguos amos. El campesino ruso, retratado por los maestros de la literatura, es a veces austero, creyente, paciente. También es esclavo de sus vicios: borrachera, machismo, violencia. La mujer suele ser víctima de la inestabilidad de carácter de su marido, y constituye el fundamento de las familias, que a duras penas logran sobrevivir.

Las palabras típicas con que se encuentra el lector de las grandes novelas o cuentos de este período están relacionado con ese ámbito familiar: la *baba*, o mujer casada;

el *barin*, señor noble dueño de siervos; la *isba*, o cabaña del pueblo rural; el *batiushka*, literalmente "padrecito", utilizado para referirse a quien goza de superioridad, ya sea por edad, autoridad o prestigio; el *kvas*, bebida hecha a base de cebada fermentada; el *lapot*, calzado rural con suela de corteza de tilo o de abedul; el *kopec* o centavo de rublo, que con esfuerzo van sumando las pequeñas economías familiares; el *mujik*, hombre adulto, campesino sujeto a tributo, dueño de una isba; el *samovar* o utensilio doméstico para calentar agua y preparar el té, que nunca falta en una casa por más pobre que sea; la *versta* o medida de alrededor de un kilómetro para indicar las distancias...

Durante el siglo XIX crece la burguesía en las ciudades, formada por comerciantes, funcionarios y profesionales, que tiende a adoptar las formas de vida de la nobleza sin ser plenamente aceptados por ella: lujos, viajes, bailes, fiestas en San Petersburgo y Moscú, mientras que en el campo reina la miseria. Tolstoi, al describir el ambiente ruso después de la abolición de la servidumbre, escribe: «En los caminos, en las tabernas, en las iglesias, en los hogares, todos hablan de lo mismo: la miseria»[8]. Poco a poco se irá formando un mundo obrero, con la incipiente industrialización. Allí, más que en el campesinado, germinarán las semillas revolucionarias.

* * *

Este capítulo quiere servir como marco general para ubicar a los autores que presentaremos a continuación. Todos ellos se pusieron en busca del alma rusa. En su camino se toparon con verdades universales.

---

[8] TOLSTOI, L., *Correspondencia*, Acantilado, Barcelona 2008, p. 481.

2.
ALEXANDR S. PUSHKIN. LA LITERATURA COMIENZA A HABLAR EN RUSO (1799-1837)

A la vera de uno de los caminos que recorren *Villa Borghese*, en Roma, hay una estatua de un joven elegantemente vestido a la moda del siglo XIX. Toda la escultura transmite decisión, dinamismo, audacia. En la base de la estatua se lee: *Alexandr Pushkin. Poeta ruso.*

Pushkin es considerado el iniciador de la época dorada de la literatura rusa. Nació en Moscú el 26 de mayo de 1799. Su ascendencia era noble por parte de padre. La madre era nieta de Abraham Annibal, un hombre de raza negra de Abisinia que fue regalado a Pedro el Grande, con el que el zar hizo gran amistad y a quien entroncó con la nobleza rusa. Una de las primeras narraciones de Pushkin tratará sobre su bisabuelo, y lleva el título de *El negro de Pedro el Grande*. La obra quedó inconclusa.

Nuestro autor no encontró un ambiente familiar cálido y acogedor. En su primera infancia ocupa un lugar de relieve su niñera Arina Rodionona, quien le contaba cuentos populares que permanecieron en la memoria de

Pushkin y le servirían para sus futuras obras. Deja Moscú para estudiar en el liceo de Tsárskoye Sélo (actualmente, esa población cercana a San Petersburgo se llama Pushkin), en la residencia de verano del zar. Era un establecimiento para hijos de la nobleza y su educación se dirigía a preparar futuros diplomáticos. En sus aulas entra en contacto con gran parte de la cultura europea del siglo XVIII, enseñada con un talante liberal. Allí escribe sus primeras poesías. Permanecerá en el liceo desde 1811 hasta 1817.

Terminados sus estudios trabaja en el ministerio de Asuntos Exteriores en San Petersburgo. Entra de lleno en la vida frívola de la capital y en los círculos de intelectuales y activistas que están preparando la insurrección de diciembre de 1825. Por algunas poesías que escribe, juzgadas como revolucionarias por las autoridades, es desterrado al Cáucaso. Los años transcurridos allí y en Crimea son muy fructíferos desde el punto de vista literario. Publica *Ruslán y Liudmila*, *El prisionero del Cáucaso*, *Los hermanos bandidos* y *La fuente de Bajchisaray*. En estas obras se nota la influencia romántica, sobre todo de Lord Byron.

Por una carta interceptada por las autoridades, en la que se muestra propenso al ateísmo, es expulsado del servicio exterior, y sufre un nuevo exilio, esta vez en la ciudad natal de su madre y donde vive su familia, Mijáilovoskoye. Rompe con su padre, pues considera que lo controla a instancias del gobierno. También será fructífero ese período: de su pluma sale el famoso drama *Boris Godunov*, algunos capítulos de su novela en verso más importante, *Eugenio Oneguin*, y un poema cómico, *El conde Nulin*.

En diciembre de 1825 fracasa la insurrección liberal. Muchos de sus amigos son condenados. Pushkin había publicado ya bastante y era un poeta famoso. El zar Nicolás I no quiso transformarlo en un mártir: lo llama a su presencia, le comunica el fin de su exilio, pero le exige que viva en Moscú y en San Petersburgo. Para cualquier otro desplazamiento tiene que solicitar permiso. A pesar de esta cláusula, irá al Cáucaso por propia iniciativa y sin consultar, donde será testigo de enfrentamientos entre tropas rusas y turcas.

En 1830 termina *Eugenio Oneguin* y numerosas poesías y narraciones cortas, entra las que cabe destacar los *Cuentos de Belkin*, muy apreciados por Tolstoi. *Eugenio Oneguin* se transformó en el poema nacional ruso. De larga extensión, se vislumbra en sus versos el período de cambio cultural en que viven Pushkin y Rusia. El personaje femenino principal, Tatiana, bebe tanto de la cultura europea como de las tradiciones rusas. Oneguin, héroe byroniano, frívolo y occidentalizado, al principio desprecia a Tatiana por considerarla una simple campesina rusa. Pero Eugenio se rusifica después de un largo viaje por las provincias y se enamora de Tatiana, a quien ahora ve con nuevos ojos. Frente al amor romántico que le propone Oneguin, Tatiana –casada con un militar que había tomado parte en la guerra de 1812, pero a quien no ama– permanecerá fiel a sus promesas matrimoniales, siguiendo la tradición campesina del cumplimiento del deber, aunque este no lleve consigo la felicidad conyugal.

En 1831, deseando sentar cabeza después de una vida amorosa desenfrenada, Pushkin se casa con Natalia Goncharova y pide ser readmitido en el ministerio de Asuntos Exteriores. Se establece en San Petersburgo, pero el tren de vida que lleva lo conduce a serios problemas económicos. Puede investigar en los archivos del Estado. De sus estudios históricos surgen numerosas obras. En este período escribe algunos de sus escritos en prosa más conocidos y logrados: *La dama de pique* y *La hija del capitán*.

En 1836 sale el primer número de su revista literaria, *El Contemporáneo*, que será un punto de referencia cultural durante todo el siglo XIX ruso. Entra en la corte del zar como gentilhombre de cámara. Pushkin, que pensaba que se merecía un nombramiento de mayor dignidad, se venga con versos y epigramas irónicos contra los otros cortesanos, que le pagan con la misma moneda.

En 1837 reta a duelo a su cuñado, Georges D'Anthès, por sospechar que lo engañaba con su mujer. El 27 de enero tiene lugar el enfrentamiento. Pushkin es herido gravemente. Morirá dos días después. A su entierro asistieron decenas de miles de personas. El zar le había escrito antes de morir, animándole a presentarse ante Dios como un buen cristiano, y prometiéndole que cuidaría de su familia.

* * *

Escribe Lo Gatto que «el origen noble, aunque en parte exótico por descender del famoso "negro de Pedro el Grande", antepasado de la madre; la inestabilidad de su temperamento debida también a esta ascendencia; la sucesión en su vida de momentos de alegría exuberante y profunda depresión, y de una desenfrenada sensualidad con impulsos de la mayor ternura; el ansia por participar en la vida intelectual con una eterna curiosidad por conocer; una disposición a apreciar rápidamente y a rechazar con la misma prontitud; la tenacidad en la defensa de las propias opiniones, teñidas muchas veces de escepticismo, fruto tal vez de su precoz conocimiento del iluminismo francés; la tendencia a la ironía, a veces venenosa; un amor hasta la dedicación por la poesía, capaz de hacerle soportar muchos sacrificios en la vida diaria; el culto de la belleza, no solo femenina sino también de la naturaleza y de la forma poética; el entusiasmo por la idea de la libertad llevado hasta el extremo de hacerlo lamentarse de no haber sacrificado por ella la vida; el desprecio por la vida, el desafío a la autoridad, los duelos y el juego; la capacidad de transformar los acontecimientos más adversos en momentos de mágica disposición para la creación; todo esto son aspectos personales, autobiográficos, pero fue el fermento de su arte»[1].

Para los rusos es el gran poeta nacional, quien otorgó a su idioma la dignidad de lengua lírica. En prosa se caracteriza por un estilo lineal y sencillo que presenta la vida tal como se da, sin innecesarios adornos artificiosos ni alegorías rebuscadas. Alguna vez escribió: «¿Qué podría decir de nuestros escritores, que, considerando una vulgaridad expresar con sencillez las cosas más simples, pretenden animar una prosa infantil con muchas palabras y blandas metáforas? Nunca dicen "amistad" sin añadir "este sagrado sentimiento, cuya noble llama", etc. ¿Suponen, acaso, que suena mejor por ser más largo? La precisión y la brevedad son las cualidades más importantes de la prosa. Exige ideas y más ideas»[2].

Pushkin es el gran iniciador: su estilo llano y realista prepara la prosa de Tolstoi; su cuento *La dama de pique*, escrita al estilo de E.T.A. Hoffmann, preanuncia los análisis psicológicos de Dostoievsky; *La hija del capitán*, inspirada en Walter Scott, es la primera novela histórica rusa, admirada por Gogol, quien afirmaba que en esta obra «se presentaban por primera vez caracteres rusos con una pureza

---

[1] LO GATTO, E., cit., p. 123.

[2] Citado en LACASA, A., Introducción a PUSHKIN, A.S., *Narraciones completas*, Alba, Barcelona 2003, p. 14.

tal que superaban a la realidad»[3]. Hay argumentos fantástico-grotescos –por ejemplo en el cuento *El sepulturero*– que preparan el terreno a Gogol, a quien Pushkin sugirió el argumento de algunas de sus obras más importantes.

Pushkin se presenta a sí mismo por encima de las escuelas literarias. En 1827 escribía a un amigo: «Para mí todas las sectas del Parnaso son iguales, todas tienen sus ventajas y sus desventajas. ¿Acaso no es posible ser un auténtico poeta sin ser un clásico avejentado o un romántico fanático? ¿Es inevitable que las formas y las etiquetas esclavicen de tal forma la conciencia literaria?»[4]. De hecho, en sus obras hay elementos clásicos, románticos y realistas. Domina la lengua y la pone al servicio de lo que constituirá con el pasar de los años una de las tradiciones literarias más importantes del mundo. Influido por Shakespeare, por el siglo XVIII francés, por Schiller y Hoffmann, por Byron y Scott, Pushkin escribe con originalidad, en ruso y sobre argumentos rusos. Incluso generalizó el uso de algunas palabras rusas, para expresar ideas que en su época solo se decían en francés. Fue un campo de cultivo donde germinarán los genios que vendrán después.

* * *

Si bien hemos incluido a Pushkin sobre todo por el hecho de ser iniciador e inspirador, vamos a referirnos brevemente a una de sus obras en prosa: *La hija del capitán*. La historia transcurre en la segunda mitad del siglo XVIII, y se encuadra en hechos históricos que Pushkin conocía muy bien: la rebelión campesina liderada por Pugachov.

---

[3] Lo Gatto, E., cit., p. 145.
[4] Citado por Lo Gatto, E., cit., p. 122.

La había investigado en los archivos del Estado: fruto de esos estudios es su *Historia de Pugachov*. Ahora ofrecía una versión novelada.

La trama discurre en torno a un personaje principal, Piotr Andréyevich. Es hijo de un alto oficial del ejército. Para enreciar su carácter, el padre lo envía a una guarnición de frontera. El Estado ruso contaba con algunos fuertes que defendía el imperio de los esporádicos ataques de tribus tártaras, kirguisas y de otras nacionalidades. Piotr será destinado al fuerte Belogórskaya. El regimiento está al mando del capitán Iván Kuzmich, casado con Vasilisa Yegórovna. Tienen una hija, María Ivanovna, de quien se enamora Piotr. La vida cotidiana del fuerte es tranquila, y Piotr –que narra en primera persona– presenta al capitán como un hombre simple y franco. Su mujer también es buena, pero curiosa y deseosa de tomar junto a su marido decisiones que no le correspondían. La hija es tímida y miedosa.

Los personajes cobran vuelo cuando se encuentran en peligro. Pugachov ataca con muchos hombres la fortaleza, la toma y condena a muerte a todos los oficiales. Cuando Pugachov pregunta a Kuzmich cómo se atrevió a oponerle resistencia, siendo él su soberano, este, herido y desfalleciente, responde con valentía:

> –No eres el soberano, eres un ladrón y un impostor, ¿me oyes?
>
> Pugachov frunció el entrecejo y agitó un pañuelo blanco. Varios cosacos agarraron al viejo capitán y lo arrastraron hacia la horca.

Kuzmich muere demostrando fidelidad a sus deberes militares, patriotismo y fortaleza. Su mujer había sido raptada por algunos hombres del jefe rebelde:

> –¡Dios mío! –gritaba la pobre vieja–. ¡Dejadme morir en paz! Hijos míos, ¡llevadme con Iván Kuzmich!
>
> De pronto miró hacia la horca y reconoció a su marido.
>
> –¡Malditos! –gritó horrorizada–. ¿Qué le habéis hecho? ¡Iván Kuzmich, soldado noble y valiente! ¡No te han alcanzado las bayonetas prusianas ni las balas turcas; no has perdido la vida en una lucha honrosa, has tenido que morir por culpa de un forajido!
>
> –¡Que hagan callar a esa bruja! –gritó Pugachov.
>
> Entonces un cosaco joven le pegó con el sable en la cabeza y ella cayó muerta en las escaleras de la casa. Pugachov se alejó, la gente corrió detrás de él.

La historia prosigue con las andanzas de Piotr y sus esfuerzos para salvar a María Ivanovna, que había quedado huérfana. Pushkin logra presentar a un Pugachov humano, no al monstruo sin sentimientos de la historiografía oficial.

En los últimos capítulos se vuelven a exaltar los valores de la fidelidad, lealtad, valentía y buena conciencia. Pushkin, que en su vida había sido muy crítico hacia la autoridad, ligero de costumbres y un inconformista, nos deja esta perla que hace de *La hija del capitán* un clásico: cuando Piotr habla con Pugachov para que salve a María Ivanovna y la deje regresar a la zona no conquistada por el rebelde, le dice:

> –Escúchame, no sé cómo llamarte ni quiero saberlo..., pero Dios es testigo de que sería capaz de pagarte con mi vida todo lo que has hecho por mí [Pugachov le perdonó la vida por un favor que Piotr le había hecho en el pasado]. Lo único que te pido es que no me exijas nada que sea contrario a mi honor y a mi conciencia cristiana. Eres mi bienhechor. Termina igual que empezaste: déjame marchar con la pobre huérfana por el camino que Dios nos señale. Y

nosotros, estés donde estés, y sea lo que sea de ti, rezaremos por la salvación de tu alma pecadora.

Pugachov accede. La historia acaba bien para Piotr y María, y mal para Pugachov, derrotado, juzgado y ejecutado.

Pushkin exaltaba en *La hija del capitán* virtudes humanas esenciales, plenamente actuales –lealtad, fidelidad, honor a la palabra dada, obligación de seguir la conciencia recta– y ponía las bases para una literatura profundamente rusa y a la vez transmisora de valores universales. Serán sobre todo Gogol, Turgenev, y Dostoievsky quienes venerarán su memoria.

3.
NIKOLAI GOGOL, UN PREDICADOR INCOMPRENDIDO (1809-1852)

A pocos metros de distancia de la estatua de Pushkin en *Villa Borghese*, el caminante se topa con otra escultura, más pesada que la primera, realizada en mármol negro. Representa a Nikolai Gogol, quien vivió unos cuantos años junto al Tíber. Bajo la imagen sedente del escritor, se leen las siguientes frases: «Puedo escribir sobre Rusia solamente estando en Roma. Solamente desde allí ella se levanta delante de mí en toda su entereza, en toda su vasta amplitud».

Gogol ocupa un lugar importante en la genealogía de la literatura rusa moderna. De él escribió Trotski, haciendo caso omiso de Pushkin: «Antes de Gogol, la literatura rusa aspiraba a existir. A partir de Gogol existe. Él le dio existencia, vinculándola para siempre con la vida»[1].

Gogol había nacido en 1809 en un pueblo de Ucrania, en el seno de una familia de hondas raíces cristianas. Se

---

[1] TROTSKI, L., *N.V. Gogol*, en *Vostóchnoe Obosrénie*, 21-II-1902.

trasladó a San Petersburgo para estudiar en la universidad. El comienzo de su carrera literaria fue catastrófico: publica, a su cargo, un poema en una revista. Son tales las críticas que recibe, que decide comprar todos los números de la publicación y destruirlos.

El joven escritor está lleno de ambición y vanidad. Supera el mal paso inicial, y escribe dos colecciones de cuentos sobre las tradiciones ucranianas (*Las veladas de Dikanka* y *Mirgorod*), que tuvieron bastante éxito. Una de las claves de la buena acogida de estas obras fue el lenguaje popular que utilizó Gogol: superando la tentación de utilizar palabras francesas, buscó en el habla de los campesinos la manera de expresar sus tradiciones. Más adelante publica los *Cuentos de San Petersburgo*. De 1836 es su comedia *El inspector*, donde critica la corrupción burocrática. La obra es puesta en escena, e inmediatamente se abre un encendido debate.

Gogol decide tomar distancia de la polémica y parte hacia Europa occidental. Estará fundamentalmente en Roma, donde reside entre 1837 y 1848, primero en un apartamento de la Via Sistina, y después en la *Villa Volkonski*. En la ciudad eterna escribe la primera parte de *Las almas muertas*, publicada en 1842. Gogol quería poner su pluma al servicio de la gloria de Dios y ayudar con sus escritos a la mejora moral de la sociedad. Su proyecto era ambicioso: la primera parte pretendía ser como el "Infierno" de la *Comedia* dantesca, en el que se presentaba la degradación de las costumbres rusas. La segunda sería el "Purgatorio", y la tercera, el "Cielo", donde resplandecería la verdad sobre Rusia: saldría a la luz el alma de un pueblo esencialmente religioso.

Este grandioso plan quedó truncado. Cinco años después de la publicación de la primera parte de *Las almas muertas*, salen de la imprenta los *Textos selectos de una correspondencia con los amigos*, en el que intenta justificar la situación social de opresión de la Rusia zarista con argumentos religiosos. El libro produjo indignación, y quienes antes admiraban a Gogol –como el crítico Bielinsky–, le dieron las espaldas. Angustiado, en 1848 realiza una peregrinación a Tierra Santa.

En septiembre de 1851, recibe una carta de un monje del monasterio de Optyna Pustyn, el Padre Makary, quien había sido su consejero espiritual. En ella le hace ver que su intento por poner su obra literaria al servicio de la religión no ha logrado su objetivo: «Para que una lámpara ilumine, no basta con que el cristal esté limpio: debe haber una vela encendida en su interior»[2]. Gogol, según el monje, no era el escritor-profeta que él quería ser. Su reacción ante la carta de Makary es tremenda: manda a su sirviente que destruya el manuscrito de la segunda parte de *Las almas muertas*, aunque se han conservado algunos fragmentos. Nikolai Gogol se deja morir de hambre en Moscú, atormentado por escrúpulos religiosos, en 1852.

Sus *Cuentos de San Petersburgo*, la novela corta *Taras Bulba* (incluida en *Mirgorod* y reelaborada en 1842), la comedia *El inspector* y *Las almas muertas* están entre los clásicos de la literatura rusa del siglo XIX. Vamos a presentar al lector tres textos que nos hablan todavía hoy. El primero está tomado de uno de los *Cuentos de San Petersburgo*, el segundo de *Taras Bulba*, y el último de su obra inacabada, *Las almas muertas*.

---

[2] Citado en FIGES, O., *El baile de Natasha*, cit., p. 392.

En *Cuentos de San Petersburgo* Gogol reúne seis relatos relativamente breves, publicados entre 1836 y 1842, donde describe algunas escenas de la vida de la ciudad. Sus narraciones están pobladas de personajes ordinarios, desconocidos para el gran público, a quienes les suceden cosas extraordinarias con visos de fenómenos sobrenaturales. El humor y la ironía se unen en su pluma, pero de telón de fondo hay una crítica de la sociedad rusa bastante implacable. Todos los grandes escritores posteriores a Gogol leyeron estos cuentos. Dostoievsky sostiene que en el relato *El gabán* ya se encontraba en potencia toda la gran literatura que vino después: «Todos salimos del gabán de Gogol», dijo en un discurso en su honor conmemorando su muerte.

De este libro destacamos un texto: se trata de una reflexión sobre el fin de la obra de arte. Está en el cuento *El retrato*, donde se narra la historia de un cuadro que tiene poderes demoníacos, que arruina a las personas que lo van comprando, sembrando el odio y la desunión entre los hombres. El pintor, arrepentido de haber dado a luz a esa obra maléfica, termina sus días en un monasterio, totalmente convertido. Cuando lo va a visitar su hijo, pintor como él, le dice:

> Te esperaba, hijo mío –dijo cuando me aproximé para recibir su bendición–. Estás a punto de iniciar un largo camino. Y es un camino puro el que has elegido; síguelo fielmente. Tienes talento, recuerda que es un privilegio que Dios te ha concedido, nunca lo derroches. Observa, estudia, indaga, sométela todo a tu pincel, pero aprende a buscar en todas las cosas su íntimo sentido, y sobre todo

esfuérzate en descifrar el misterio de la creación. ¡Bienaventurados aquellos pocos que han sido elegidos para gozar de ese secreto! Para ellos no habrá nada repudiable en la naturaleza. El verdadero artista creador se manifiesta tanto en lo ínfimo como en lo supremo. En su trabajo lo desdeñoso no muestra huellas de desdén, ya que entregará parte de su propia alma sublime en cada cosa que represente. El arte permite al hombre trascender sus límites e intuir lo celestial y divino, y ese don le confiere un sitio de privilegio. Una gran obra de arte siempre será más excelsa que todas las cosas mundanas, por lo mismo que la quietud divina es más excelsa que la vanidad terrena, o que la creación lo es más que la destrucción. Y de idéntico modo que un ángel, por la inocencia misma de su alma, es más excelso que el vanidoso Satanás, con todo su desmesurado poder, así la excelsa perfección del arte está por encima de todo cuanto existe en el mundo. Sacrifica al arte todo lo que tienes, ámalo con toda tu alma, no te subordines a las pasiones mundanas y entrégate a la serena pasión divina. Solo así podrá el hombre elevarse por encima de lo terrenal y oír la maravillosa música del Cielo, que conforta y consuela. Porque es para traer paz y consuelo a todos los seres vivientes para lo que una gran obra de arte desciende a este mundo. No puede perturbar el alma; lejos de ello, debe constituirse en una plegaria elevada hacia Dios.

El texto apenas citado encaja perfectamente bien con la finalidad religiosa que Gogol quería dar a toda su obra. Pero también coincide con la tendencia generalizada de la literatura rusa del siglo XIX, que rechazó la noción del "arte por el arte". El arte tiene valor porque es encarnación privilegiada de la Belleza, uno de los trascendentales del ser. Para Gogol –en plena sintonía con la tradición clásica, medieval y romántica–, la obra de arte tiene la capacidad de superar los estrechos límites de esta tierra y abrirnos una ventana a la trascendencia. El arte forma parte de la *via pulchritudinis* –el camino de la belleza– para llegar a Dios, y en sí misma esconde algo divino: por eso afirma Gogol que «desciende a este mundo».

La tensión entre lo universal y lo particular

Taras Bulba (1835, 1842) es una novela histórica, que sigue el estilo de las obras de Walter Scott, y que en Rusia tiene como precedente *La hija del capitán*, de Pushkin. Es imposible fijar una fecha exacta para encuadrar los acontecimientos narrados en ella, que se desarrollan en el mundo de los cosacos entre los siglos XV y XVII.

Los cosacos constituyeron un baluarte que frenó el avance de los mongoles, pelearon contra tártaros y turcos, y se enfrentaron con los polacos católicos, defendiendo su fe ortodoxa. En el ambiente de reivindicación de lo propiamente ruso no podía faltar la evocación de este pueblo, encarnado en Taras Bulba y sus camaradas. Si el libro pasó a ser rápidamente un icono de las tradiciones viriles de los cosacos, en una lectura más atenta vemos en sus páginas el análisis de la tensión universal entre la identificación de la persona humana con su propio pueblo, nación, etnia o tribu y la apertura al otro. Gogol presenta unos cosacos imbuidos de una identificación total con sus tradiciones, fe y costumbres, en donde la crueldad y la rudeza se unen a la nobleza y a un profundo sentimiento de lealtad a los camaradas. Pero a su vez, la pintura gogoliana de los mismos manifiesta un desprecio por el "otro", llámese judío, polaco, tártaro o turco. Todo lo "no cosaco" es despreciable, según su visión etnocéntrica y autorreferencial.

La historia de *Taras Bulba* se centra en las costumbres del pueblo, los enfrentamientos armados con los enemigos, la vida en los campamentos. Pero la trama se complica, porque uno de los hijos del jefe cosaco, Andri, se enamora de una polaca, decide pasarse al enemigo y traiciona a su gente.

Andri no ve nada de inmoral en esta unión con el "otro", y pone sus sentimientos y su proyecto vital por encima de las tradiciones y convencionalismos de su nación. Cuando la joven amada, después de escuchar la confesión de amor de Andri, le dice que ella sabe que no puede amarle –«sé cuáles son tus preceptos y tu deber: tu padre, tus camaradas, tu patria te llaman, y nosotros somos tus enemigos»– Andri, enardecido, dirá:

> «¿Y qué me importan mi padre, mis camaradas y mi patria? Pues si es así, entonces mira: ¡no tengo a nadie! ¡A nadie, a nadie! ¿Quién dijo que mi patria es Ucrania? ¿Quién me la ha dado por patria? La patria es aquello que busca nuestra alma, aquello que amamos por encima de todo. ¡Mi patria eres tú! ¡Esa es mi patria! ¡Y llevaré esa patria en mi corazón, la llevaré hasta el fin de mis días, y pobre de aquel cosaco que quiera arrancármela! ¡Daré y venderé todo lo que tengo, moriré por esa patria!»

Taras Bulba dará muerte a su hijo en una batalla entre cosacos y polacos, y levantará la bandera de la resistencia cosaca hasta el último momento de su vida.

En cierto sentido, el drama de Andrómaca frente a Héctor –el conflicto entre los afectos del corazón y los deberes de la patria– reaparece en la historia del hijo de Taras Bulba, aunque se resuelve de forma opuesta: Héctor cumple con su obligación militar y debe dejar a Andrómaca y a su pequeño hijo entre los muros de Troya. El héroe troyano muere, dejando desamparada a su familia. Pero en el caso que estamos analizando, al drama individual se une el conflicto grupal entre identidad cultural cerrada y apertura hacia el otro.

Taras Bulba –y todos aquellos que a lo largo de la historia reducen a la persona humana a su identidad cultural– se encuentra en un callejón sin salida: nunca podrá entender a su hijo, a menos que reconozca igual dignidad a todas las personas sin distinción de raza, cultura o condición social. Toda cultura, si quiere ser auténticamente humana, además de venerar sus raíces debe abrirse a lo universal: una cultura que se encierra en sí misma está destinada a perecer.

Al mismo tiempo, la falta de identidad cultural, el desarraigo, el cosmopolitismo etéreo empobrece la existencia de los hombres. Desde una antropología integral, no tendría que haber problemas para que Andri ame a una joven polaca sin traicionar a su patria. Una personalidad madura se muestra agradecida por sus raíces, por todo lo que le ha legado la tradición, y al mismo tiempo tiene la humildad de reconocer que puede aprender de los demás pueblos y tradiciones. Pero desde una circunstancia histórica concreta, en la que los prejuicios nacionalistas y las pasiones humanas llevan la voz cantante, es muy difícil mantener la propia identidad y la apertura al otro sin que se produzca una crisis.

La tensión entre la adhesión a lo local y la apertura a lo universal es algo propio de la naturaleza humana. Juan Pablo II –un hombre experto en humanidad–, en un discurso memorable a las Naciones Unidas, el 5 de octubre de 1995, decía: «Esta tensión entre particular y universal se puede considerar inmanente al ser humano.

La naturaleza común mueve a los hombres a sentirse, tal como son, miembros de una única familia. Pero por la concreta historicidad de esta misma naturaleza, están necesariamente ligados de un modo *más intenso* a grupos humanos concretos; ante todo la familia, después los varios grupos de pertenencia, hasta el conjunto del respectivo grupo étnico-cultural, que, no por casualidad, indicado con el término "nación" evoca el "nacer", mientras que indicado con el término "patria" (*fatherland*), evoca la realidad de la misma familia. La condición humana se sitúa así entre estos dos polos –la universalidad y la particularidad– en tensión vital entre ellos; tensión inevitable, pero especialmente fecunda si se vive con sereno equilibrio»[3].

Ni Taras Bulba ni Andri lograron dicho sereno equilibrio.

TRABAJO Y HONESTIDAD PÚBLICA

Gogol fue un gran admirador de Pushkin. Fue precisamente el poeta nacional ruso quien le sugirió el tema de *Las almas muertas*. Allí se narra la historia de Chíchikov, un personaje inolvidable, tragicómico. Antiguo funcionario público, sueña con un futuro lleno de riqueza, pero obtenida sin trabajo esforzado y sin observar las normas más elementales de moralidad. Chíchikov llega a una ciudad de la cual el lector desconoce el nombre, que se encuentra entre Moscú y San Petersburgo. De presencia correcta y afable, establece buenas relaciones con los principales personajes de la ciudad. Estamos en un período de la historia

[3] S. JUAN PABLO II, *Discurso a la Asamblea General de las Naciones Unidas*, New York 5-X-1995.

rusa donde todavía hay servidumbre, y los *mujiks* –campesinos– se pueden comprar y vender. Chíchikov convence a varios propietarios para que le vendan almas –es decir, siervos–, pero han de ser almas muertas, siervos fallecidos que siguen figurando en el registro oficial del Estado, porque todavía no han sido dados de baja. Como poseer cientos o miles de almas da prestigio social y al menos las apariencias de poder económico, Chíchikov sueña con comprar por un precio módico las almas muertas, y así casarse convenientemente y vivir en forma holgada. Al final, todo el engaño se descubre, y Chíchikov debe abandonar la ciudad, y se dirige a probar suerte a otros lugares del inmenso imperio ruso sin que se le pase por la cabeza ganarse su vida honradamente.

Gogol describe un paisaje moral de la sociedad rusa devastador: todos los funcionarios son corruptos, reina la pereza y la desidia, se busca en las clases altas o en la pequeña burguesía la ostentación, y se desprecia al pobre, que se halla abandonado, sin virtudes y sin un futuro cierto. En realidad, las almas muertas a las que se refiere Gogol son las de sus personajes, más que las de los siervos fallecidos. Cuando Pushkin leyó parte del manuscrito, exclamó: "¡Qué triste que es Rusia!".

Hay dos textos en los que Gogol apunta a una solución de los problemas rusos de su época: la redención social vendrá no por los cambios estructurales sino por el trabajo esforzado y por la conversión moral de los funcionarios. Estamos ante un mensaje siempre actual, que supera las circunstancias rusas de la primera mitad del siglo XIX.

Veamos el primer texto. Chíchikov está comiendo en la casa de un propietario que tiene una finca modelo. Este le habla de que muy cerca se vende otra finca, que está abandonada y que fue muy mal administrada. Leamos el diálogo:

—Permítame, mi distinguido amigo, que vuelva de nuevo al tema que antes hablábamos —dijo Chíchikov, tomando otra copa de licor de frambuesa, que era verdaderamente exquisito—. Supongamos que yo adquiriera esa finca a la que antes se refería, ¿cuánto tiempo tardaría en enriquecerme lo suficiente para...?

—Si usted quiere hacerse rico rápidamente —le interrumpió Kostanzhoglo con voz brusca, como si el tema le irritase profundamente—, no lo conseguirá nunca; y si se quiere hacer rico sin pensar en plazos, lo conseguirá en muy poco tiempo.

—¡Ah! —exclamó Chíchikov.

—Sí —continuó Kostanzhoglo con su tono brusco, como si estuviera enfadado con el mismo Chíchikov—. Hay que sentir amor al trabajo. De otro modo no se consigue nada. Hay que encariñarse con las labores de la hacienda. Y puede creerme, uno no se aburre. Es mentira eso de que en el campo se aburre uno. Yo me moriría, me ahorcaría de aburrimiento si pasase un solo día en la ciudad como pasan ellos en sus estúpidos casinos, restaurantes y teatros. ¡Son imbéciles, idiotas, una generación de asnos! El dueño de una finca no puede, no tiene tiempo de aburrirse. Su vida está constantemente ocupada. Basta la diversidad de las faenas ¡y qué faenas! Son trabajos que elevan el espíritu. Dígase lo que se quiera, el hombre se halla en contacto con la naturaleza, con las estaciones del año, colabora en todo cuanto sucede en la Creación. Considere en su conjunto las faenas que se realizan en el año: antes de la llegada de la primavera, ya la espera atento: prepara la simiente, la selecciona y mide en los graneros, la vuelve a secar. Se fijan las nuevas cargas. Durante el año entero lo revisa y calcula todo por anticipado. Y en cuanto viene el deshielo, los ríos vuelven a su cauce normal y la tierra se seca, empieza a trabajar la azada en los huertos y el arado y el rastrillo en los campos. Se planta y se siembra. ¿Comprende lo que eso significa? ¡Ahí es nada! ¡Se siembra la futura cosecha! ¡Se siembra la felicidad del mundo entero! ¡El alimento de millones de seres! Llega el verano... La siega del heno... Y luego las mieses, al centeno sigue el trigo y la cebada y la avena. Todo está en ebullición; no hay que perder ni un minuto; aunque uno tuviera veinte ojos, habría ocupación para todos. Y en cuanto se celebran las fiestas hay que acarrear la mies a las eras, hacinarlas, vienen las faenas de otoño, la reparación de los graneros, rediles y establos para el invierno; y al mismo tiempo para todas las mujeres hay trabajo. Se hace el balance, se ve lo que se ha hecho. Y esto es algo... ¡Y el invierno! Es la trilla en los cobertizos, el transporte del grano a los graneros. Uno se acerca al molino, a las fábricas, echa un vistazo al patio donde trabaja la gente, comprueba cómo van las cosas de cada *mujik*. Yo, se lo aseguro, si un carpintero maneja bien el hacha, soy capaz de quedarme dos horas mirando; para mí el trabajo es fuente de alegría. Y si además comprende uno que todo se hace con un fin determinado y ve que las cosas se multiplican a su alrededor, produciendo nuevos frutos, entonces no soy capaz de explicar lo que uno siente. Y no porque el dinero aumente –el dinero es cosa aparte–, sino porque uno ve que todo esto es obra suya; porque uno se da cuenta de que es la causa de todo, el creador de todo, y que uno, como si fuera un mago, va esparciendo la abundancia y el bien. ¿Dónde encontrará usted un placer igual? –prosiguió Konstanzhonglo, y levantó la cabeza. Las arrugas habían desaparecido de su frente. Resplandecía todo él, como un rey en el día solemne de su coronación–. ¡En todo el mundo no encontrará un placer semejante! Aquí, justamente aquí, es donde el hombre se asemeja a Dios. Dios se reservó la Creación como placer supremo y exige al hombre que él también, a semejanza del Creador, siembre la prosperidad en torno suyo. ¡Y todavía dicen que esto es una labor aburrida!

Aquí termina la reflexión sobre el trabajo, del cual se tiene una visión positiva y abierta a la trascendencia: con la labor diaria, por muy humilde que sea, mejoramos el mundo, nos perfeccionamos moralmente y colaboramos en la obra creadora de Dios. Y esto, lejos de ser un castigo, es fuente de profunda alegría.

Mientras Gogol escribía *Las almas muertas* en Roma, en Copenhague Soren Kierkegaard publicaba *Aut-Aut*. Cuando el filósofo danés se refiere a las obligaciones de la vida ética, subraya la importancia del trabajo. Y lo hace con términos muy parecidos a los del escritor ruso:

> Es hermoso contemplar los lirios del campo, que si bien no hilan ni cosen, sin embargo son vestidos de tal modo que ni Salomón con todo su esplendor fue capaz de vestirse de esa forma; es hermoso contemplar cómo los pájaros encuentran sin mucho afán su alimento; es hermoso contemplar a Adán y Eva en un paraíso en el que pueden encontrar todo lo que necesitan; pero todavía es más bello contemplar a un hombre que por así decirlo es su propia providencia. Por esto, el ser humano vale mucho, ¡vale más que cualquier otra creatura, en cuanto puede cuidar de sí mismo! Es hermoso contemplar a un hombre poseer en abundancia los bienes que se ha ganado, que ha conquistado; pero también es hermoso ver a un hombre que hace un alarde de destreza, algo aún más sublime, y transforma lo poco en mucho[4].

---

[4] KIERKEGAARD, S., *Aut-Aut*, Adelphi, Milano 1989, V, pp. 182-3.

Retornemos a nuestro texto. Chíchikov escucha embelesado las palabras de Kostanzhonglo, y formula propósitos para el futuro, aunque terminarán en nada, pues vuelve a idear planes para enriquecerse fácilmente y sin esfuerzo.

Chíchikov es solo un ejemplo entre mil de la corrupción que reina en la sociedad pintada por Gogol. En el último capítulo que nos ha llegado de la segunda parte se citan las palabras de un príncipe a sus funcionarios. Se lamenta por la injusticia que se manifiesta en todos los ámbitos de la administración pública. Termina su discurso –y con estas palabras Gogol pone fin a su manuscrito– del modo siguiente:

> Mas dejemos a un lado la cuestión de quién es más culpable. De lo que se trata es de que debemos salvar a nuestro país, de que nuestro país perece por culpa de nosotros mismos; de que al margen del gobierno legítimo se ha formado un gobierno mucho más fuerte que cualquier gobierno legítimo. Ha establecido sus condiciones, a todo se le ha puesto precio e incluso esos precios han sido pregonados públicamente. Y ningún gobernante, aunque fuera el más sabio de todos los legisladores y estadistas, es capaz de reparar el mal por muchas restricciones que ponga a los actos de los malos funcionarios, colocándolos bajo la vigilancia de otros funcionarios. Todo será inútil mientras cada uno de nosotros no comprenda que lo mismo que en la época del levantamiento de los pueblos empuñó las armas contra los enemigos, debe ahora alzarse contra la injusticia. Ahora me dirijo a ustedes como ruso, como una persona unida a ustedes por los lazos de la sangre. Me dirijo a aquellos de ustedes que conservan una noción de lo que es la nobleza de pensamiento. Les invito a tener presente el deber que en cualquier lugar corresponde a la

> persona. Les invito a considerar más de cerca su deber y las obligaciones que en la tierra tienen, porque la idea que de ello nos hacemos es confusa y apenas...[5].

Aquí termina el manuscrito.

Gogol: un clásico ruso que habla a la circunstancia actual de tantas sociedades que han perdido la cultura del trabajo y han dejado que la corrupción tome la forma de un monstruo de mil cabezas, tan difícil de erradicar.

[5] Ibid., p. 477.

4. IVAN TURGENEV, UN RUSO PARA OCCIDENTE (1818-1883)

Iván Turgenev nació en Orel, una población cercana a Moscú, en 1818. Tuvo una infancia difícil, debido al carácter violento de su madre: Varvara Petrovna Turgeneva era una mujer llena de prejuicios sociales, que trataba despóticamente a sus siervos y no admitía que nadie le llevara la contraria. Su padre, coronel del ejército imperial, murió cuando Turgenev era todavía un adolescente. Iván estudió letras en Moscú y San Petersburgo, y frecuentó algunas clases de filosofía en la Universidad de Berlín, donde entró en contacto directo con la cultura europea occidental, por la que siempre sintió una gran admiración.

La obra que le dio fama fue *Memorias de un cazador*, conjunto de relatos cortos en el que, junto a una descripción minuciosa de la naturaleza, contemplamos las vidas y las reflexiones de los campesinos, tanto hombres como mujeres. Esto despertó mucha sorpresa en una Rusia donde solo se prestaba atención a la nobleza o a la burguesía urbana. Algunos han llegado a afirmar que esta obra cumplió un papel análogo a *La cabaña del Tío Tom* en Estados Unidos, y ayudó a la supresión, en 1861, de la servidumbre. El ejemplo del maltrato que se daba a los siervos en su casa fue una buena fuente para sus denuncias sociales.

Turgenev tuvo que pasar un tiempo en la cárcel, por causa de un escrito suyo con ocasión de la muerte de Gogol, en el que elogiaba al escritor. La censura lo juzgó demasiado entusiasta. Corrían los tiempos duros del zar Nicolás I. En concreto, Turgenev escribía en la *Gaceta de San Petersburgo*:

> ...¡Gogol ha muerto!... ¿qué corazón ruso no se conmociona por estas tres palabras?... Se ha ido el hombre que ahora tiene el derecho que nos da la muerte, de ser llamado grande.

La cárcel se cambió por un confinamiento en su casa de campo durante un año, tiempo que aprovechó para escribir su primera novela larga, *Rudin*.

En 1856 se traslada a París. Aunque realizó viajes esporádicos a Rusia, vivirá hasta el fin de sus días en Europa occidental. Tuvo como residencia habitual la capital francesa, con algún período en Alemania. En París vivía con el matrimonio Viardot, como un amigo incorporado a la familia. Paulina Viardot era una cantante de ópera, de la que se enamoró Turgenev en San Petersburgo, y de la que nunca se pudo separar. El matrimonio crió a una hija natural del escritor. En estos años producirá diversas novelas. De 1859 es *Nido de nobles*, de 1860 *En vísperas*, y de 1862 *Padres e hijos*. Después publicará *Humo* y *Tierras vírgenes*. Además escribió algunos cuentos y obras de teatro.

Turgenev mantendrá unas relaciones habitualmente tensas con sus colegas rusos: no apreciaba a Dostoievsky, quien le paga con la misma moneda caricaturizándolo en *Los demonios*. Con Tolstoi las cosas no anduvieron mejor: llegan a retarse a duelo, aunque después se perdonan mutuamente, y Turgenev visitará al autor de *Guerra y Paz* en su finca de Yasnaia Poliana. Muy apreciado en los ambientes cultos de París –frecuentaba asiduamente el círculo de Flaubert, Zola y Daudet–, morirá en una casa situada en las afueras de esta ciudad, en agosto de 1882. Posteriormente, sus restos serán trasladados a San Petersburgo[1].

* * *

«Turgenev –comenta Mirskij– fue el primer escritor ruso que encantó al lector occidental (...). Turgenev fue muy decimonónico, quizá el escritor más representativo de la segunda mitad del siglo, ya sea en Rusia como en Occidente. Fue un victoriano, un hombre de acuerdos, más victoriano que cualquiera de sus contemporáneos en Rusia. Fue esto lo que lo hizo tan aceptable en Europa, aunque también por este motivo después decayó mucho su reputación»[2]. En efecto, el gusto del público derivó más tarde hacia platos más "fuertes", como los que ofrecía la narrativa de Dostoievsky y Tolstoi. Pero en los años 60 fue el punto de referencia indiscutido.

Turgenev se daba cuenta de la necesidad de reformas en la sociedad rusa. Apreciaba sinceramente a la población campesina, y luchó por un cambio de mentalidad en la nobleza respecto a las condiciones materiales y

[1] Cfr. MAUROIS, A., *Turgueniev*, Aguilar, Madrid 1931.

[2] MIRSKIJ, D.S., cit., p. 215

espirituales de los *mujiks*. Al mismo tiempo, entendía la conveniencia de reformas graduales no traumáticas.

Siempre fue un occidentalista pero profundamente ruso, que comprendía la sensibilidad de los eslavófilos. En sus *Memorias literarias y de la vida*, escribía: «No creo que mi occidentalismo me haya privado de todo interés por la vida rusa, de toda comprensión de sus características y necesidades... Nunca he reconocido la frontera que algunos patriotas celosos y hasta fervorosos, pero poco informados, han querido establecer entre Rusia y Europa occidental, esa Europa a la que nos ligan tan estrechamente la raza, la lengua, la fe»[3].

De hecho, todas sus obras transcurren en Rusia y analizan las problemáticas sociales de esos años claves de mediados del siglo XIX. «En sus novelas, narrando la transformación social que se da en Rusia entre 1840 y 1860, mostró el profundo significado de los principios generadores de este desarrollo. El tipo particular de novela de Turgenev, original en su estructura, está ligado en concreto a esta capacidad de intuir y de expresar en un nivel artístico los cambios de la vida social rusa, en un momento en el que la lucha entre lo viejo y lo nuevo se hace cada vez más áspera (...). Los personajes de las novelas de Turgenev son siempre la expresión de la tendencia al cambio histórico de su tiempo»[4]. En sus obras es fácil identificar qué corriente de pensamiento representa cada personaje: Rudin, en la novela que lleva su nombre, es el intelectual que no concluye nada práctico de la década de los 40; Lauretskij, en *Nido de nobles*, es el eslavófilo de esa generación; Bazarov,

---

[3] Citado por LO GATTO, cit., p. 252.

[4] SPENDEL, G., *Introduzione* a TURGENEV, I., *Romanzi*, O. Mondadori, Milano 1991, p. XIII.

en *Padres e hijos*, el materialista y nihilista de los años 60, etc.

Presentamos dos obras clásicas de Turgenev: *Memorias de un cazador*, y *Padres e hijos*.

DIGNIDAD PERSONAL E INJUSTICIA SOCIAL

Ya hemos dicho algo sobre *Memorias de un cazador*. Turgenev fue escribiendo las distintas historias por separado, y las publicó en la revista *El contemporáneo* –fundada por Pushkin unos años antes– entre 1847 y 1851. Al año siguiente apareció un libro en dos volúmenes con todas las narraciones. Si el lector no advertía nada de revolucionario en la historia aislada, la publicación en conjunto daba una impresión de crítica de la situación de los siervos de la gleba que a algunos pareció peligrosa y a otros removió la conciencia.

Desde un punto de vista literario, con estas páginas Turgenev llega a una cima. Describe poéticamente la naturaleza del campo ruso, y narra con sencillez los encuentros que tiene un cazador en la estepa, en un bosque, en una isba o en una aldea con campesinos, comerciantes o señores. Las historias son sencillas, llenas de elementos psicológicos del modo de ser rural, tanto de los siervos como de los señores. El autor no juzga sobre los hechos: simplemente los presenta en su facticidad pura.

No hay una visión idílica de los siervos: las virtudes de muchos de ellos –sentido de la dignidad, trabajo sacrificado, sabiduría para afrontar los sufrimientos de la existencia– se mezclan con sus vicios: crueldad, borracheras, irresponsabilidad para preveer el futuro. Lo mismo sucede con los señores: los hay comprensivos y humanos, y los hay soberbios y crueles con sus siervos.

Turgenev presenta con rasgos definidos el desprecio que sienten algunos señores por sus siervos, y la convicción que reina entre los primeros de que hay un orden natural que exige que los señores manden y los siervos obedezcan. En el relato *Dos gentilhombres de campaña*, el cazador se sorprende del trato severo que Mardarij Apollonic da a sus siervos. No respeta las leyes que se habían dado en los últimos tiempos a favor de ellos, porque se considera un señor "a la antigua". «Para mí –dice– si uno es el amo, es el amo, y si es campesino, es campesino... He aquí todo». Para abundar en su actitud altiva, piensa que la maldad de los siervos es hereditaria:

> Además, son campesinos malos, cayeron en desgracia. Especialmente dos familias. La buena ánima de mi papá, que Dios lo tenga en la gloria, no los podía soportar. Y yo –le diré– he observado lo siguiente: si el padre es ladrón, también el hijo es ladrón (...). ¡Oh, la sangre, la sangre es una gran cosa! Os lo confieso abiertamente: he mandado a los jóvenes de estas dos familias a hacerse soldados, aunque no les tocaba, y así los he desperdigado aquí y allá. Pero no se extinguen. ¿Qué quiere que haga? Son prolíficos estos malditos.

En otros relatos se pone de manifiesto que algunos señores consideraban que tenían poder absoluto sobre sus siervos. En *Pëtr Petrovic Karataev* se narra la historia de un joven señor que se enamora de una sierva. La señora de esta chica no quiere saber nada con esta relación, y decide enviarla a una aldea en medio de la estepa. Cuando el enamorado intercede por la sierva, la señora le dice altivamente: «¿Qué he hecho para merecer esto? ¿Acaso no soy la señora de mi casa?». Y no cede ante ningún reclamo.

A veces, el que inflige el trato más cruel a los siervos no es el señor, sino el administrador o capataz de una aldea. En *El administrador*, Turgenev cuenta la historia de Sofron Jakovlic, siervo de un terrateniente, que está puesto por él a la cabeza de la administración de varias aldeas. Cuando el cazador pregunta a un campesino por Sofron, este le responde: «Es un perro, no un hombre: un perro como él no se lo encuentra de aquí a Kursk».

El campesino explica que la aldea pertenece solo de nombre al señor, pero el que gobierna realmente es Sofron. Y gobierna «como si todo fuera de su propiedad. Los campesinos están endeudados hasta el cuello con él. Los hace trabajar a destajo... No les da descanso (...). No solo hace negocio con la tierra: trafica con los caballos, con el ganado, con el alquitrán, con la mantequilla, con la leche, ¡qué se yo!... Es inteligente, es rico ese animal (...). Es una fiera, no un hombre, un perro, un perro de caza».

Cuando el cazador pregunta al campesino por qué no denuncian al administrador, el pobre siervo contesta: «Pero ¡figúrese! ¿Qué le importa al amo? Con tal de que los campesinos no se retrasen con sus pagos, ¿qué le importa el resto?». Y añade que si uno se lamenta, las represalias de Sofron pueden ser terribles.

Además de denunciar los malos tratos, Turgenev es un fino observador de la psicología campesina. En sus relatos pone de manifiesto la diversidad de caracteres entre ellos. En su primera narración, *Chor y Kalinyc*, el cazador los describe de la siguiente manera:

> Los dos amigos no se parecían en nada. Chor era una persona positiva, práctica, un cerebro de administrador, un racionalista; Kalinyc, en cambio, pertenecía al grupo de

los idealistas, de los románticos, de los entusiastas, de los soñadores. Chor entendía la realidad, es decir, se había acomodado en la vida, acumulaba sus dinerillos, iba de acuerdo con su amo y con la autoridad; Kalinyc andaba en sandalias y llegaba a fin de mes como podía. Chor había formado una gran familia, respetuosa y unida; Kalinyc había tenido una mujer que le causaba mucho miedo, pero no había tenido nunca hijos. Chor leía el pensamiento del señor Polutykin; Kalinyc veneraba a su amo. Chor quería a Kalinyc y lo protegía; Kalinyc quería a Chor y lo respetaba. Chor hablaba poco, sonreía irónicamente, y razonaba para sí mismo; Kalinyc decía lo que pensaba con fervor, aunque no tenía la facilidad de palabra de Chor... Pero Kalinyc estaba dotado de unas cualidades que el mismo Chor reconocía: hacía, por ejemplo, conjuros contra la sangre, los sustos, la rabia, echaba a los gusanos; las abejas se dejaban agarrar por él (...). Kalinyc era más cercano a la naturaleza. Chor, en cambio, a los hombres y a la sociedad; a Kalinyc no le gustaba razonar y creía ciegamente en todo; Chor se alzaba hasta alcanzar una visión irónica de la vida.

Los siervos no son para Turgenev un mero número: cada uno es único, irrepetible, con una personalidad propia.

Para algunos críticos, el cuento más logrado es el titulado *Los cantores*. En él se narra un concurso de canto entre dos aficionados –un obrero y un empresario– que tiene lugar en una hostería de una aldea pobre y aislada. Turgenev no esconde los vicios de los cantores, pero subraya la sensibilidad artística tanto de los competidores como de los que presencian el duelo musical. Pone en boca del cazador esta descripción de la escena en la que canta Jakov, el obrero:

El alma rusa, veraz y ardiente, brotaba y se difundía en aquella voz y aferraba el corazón, aferraba en concreto lo que tenía de esencias rusas. El canto subía, fluía. Jakov estaba visiblemente embriagado: ya no sentía ningún temor, se abandonaba completamente a su felicidad; la voz ya no le temblaba más, sino que vibraba con aquel íntimo y apenas perceptible temblor de la pasión, que traspasa como una flecha el corazón del que escucha, y se hacía más robusta, más firme, más amplia. Recuerdo un día en que yo estaba, a la hora de la pleamar, en una playa donde las olas venían a deshacerse tumultuosamente. Una gaviota de blancas alas bajó a posarse cerca de mí. Estaba vuelta hacia el mar cubierto de púrpura, y de cuando en cuando abría sus grandes alas como saludando a las olas y al disco del sol. Este recuerdo me volvió a la memoria mientras escuchaba a Jakov. Cantaba sin acordarse de su rival ni de ninguno de nosotros, pero visiblemente sostenido, como un bravo nadador por las olas, por nuestro silencioso, apasionado consenso. Cantaba y cada nota de su voz inspiraba un no se qué de íntimamente nuestro. Ya me subían las lágrimas a los ojos, cuando alguien empezó a sollozar cerca de mí. Miré a mi alrededor: la mujer del dueño de la hostería lloraba, apoyándose en la ventana. Jakov le lanzó una rápida mirada y su voz se hizo todavía más sonora, todavía más dulce. Nikolaj Ivanic inclinó la cabeza, Morgac se dio vuelta hacia otra parte; Obalduj, completamente enternecido, estaba con la boca estúpidamente abierta; el campesino gris sollozaba en su rincón; incluso en el rostro férreo de Dikij-Barin, bajo las cejas unidas, cayó lentamente una lágrima; el empresario había alzado el puño hacia su frente, y no se movía... No sé cómo habría acabado todo si Jakov no hubiera terminado de repente con una nota alta y sutilísima, casi como que se le hubiera roto la voz. Nadie gritó, ninguno se movió; parecía que todos esperaban escucharlo cantar otra vez; pero él abrió los ojos, como sorprendido de

> nuestro silencio, echó a su alrededor una mirada interrogativa y entendió que la victoria era suya.

¡Qué bella manera de mostrar la dignidad de estas personas que poseen una sensibilidad artística quizá ausente en los lujosos palacios de San Petersburgo y Moscú!

Además de la sensibilidad artística, algunos siervos tienen profundidad espiritual. En un relato conmovedor, llamado *La reliquia viviente*, Turgenev cuenta la historia de una sierva, Luker'ja, que había servido en la casa del cazador cuando este era un niño. La encuentra postrada en una *isba* paupérrima de una aldea bastante aislada. Después de un accidente, había quedado prácticamente inválida. Su ama, la madre del cazador, la había enviado al hospital, pero los médicos no pudieron curarla. En consecuencia, la destinaron a esa aldea, donde vivían algunos parientes. La situación de Luker'ja es trágica: lleva siete años tendida en el suelo, y debe mantener siempre esa posición. La gente de la aldea la ayuda en sus necesidades, y de vez en cuando recibe visitas. Lo impresionante de Luker'ja es que está contenta con su situación, no se queja, y piensa que hay gente en una condición más difícil que la suya. Cuenta al cazador algunos sueños que ha tenido. En uno se le aparece Cristo: Luker'ja es llevada al cielo, y en la tierra queda un perro que estaba siempre de mal humor y que le mordía. La sierva interpreta el sueño diciendo que el perro es su enfermedad, que no la acompañará a la otra vida, donde por fin encontrará una felicidad completa. Y decimos "completa", porque a pesar de todo, Luker'ja es feliz.

> Recito mis oraciones –añade la sierva–. Pero no sé muchas oraciones. Y además, ¿por qué tendría que importunar a

> nuestro Señor? ¿Qué cosa le podría pedir? Él sabe mejor que yo lo que me conviene. Me ha enviado una cruz: eso significa que me ama. Es así como tenemos que entenderlo. Digo el Padrenuestro, el himno a la Señora, el salmo de alabanza de todos los que sufren dolor, y después no pienso en nada. ¡Y no estoy para nada mal!

El cazador se conmueve. Le ofrece llevarla a otro hospital, llamar a un médico, facilitarle lo que necesite. Pero Luker'ja rechaza, conmovida, todos esos ofrecimientos:

> No necesito nada; estoy contenta con todo, gracias a Dios. Que Dios conceda la salud a todos. Y usted, patrón, si pudiera persuadir a su mamá para que disminuya el tributo, aunque solo fuera un poquito... aquí los campesinos son muy pobres, no tienen suficiente tierra, no tienen comodidades... Rezarían todos a Dios por usted... Pero yo no necesito nada, estoy contenta con todo.

Pocas semanas después, el cazador se entera que Luker'ja se había ido de este mundo.

Con sus narraciones, Turgenev despertó la conciencia de muchos lectores sobre la igual dignidad de todos los hombres y la riqueza espiritual que se esconde en cada persona humana, por más pobre o ignorante que sea. También puso de manifiesto la injusticia de la estructura social del campo ruso, y preparó los cambios que se darían en la década del 60. Más allá de su importancia circunstancial, *Memorias de un cazador* pone el dedo en la llaga de los prejuicios de clase y de la necesidad de preguntarnos continuamente por la justicia en las relaciones sociales. La opresión, lamentablemente, no ha sido patrimonio exclusivo de la Rusia zarista.

En *Padres e hijos* Turgenev nos presenta el conflicto entre dos generaciones de rusos cultos: los que mantienen una visión conservadora de la estructura social, basada en principios tradicionales, y los que se rebelan contra dichas tradiciones y costumbres y quieren cambiarlo todo. Si bien el argumento de la novela transcurre en los años inmediatamente anteriores a la abolición de la servidumbre, el mensaje que nos transmite tiene una dimensión que supera la coyuntura histórica precisa: se trata de la natural tensión intergeneracional, fenómeno universal y que todos, de una manera u otra, vivimos en nuestras propias vidas.

Padres e hijos es la primera obra literaria en donde se habla de los nihilistas. El personaje que llama más la atención es el de Bazarov, joven nihilista que no cree en nada, y que considera necesario revolucionarlo todo. Posee estudios de ciencias naturales y pasa gran parte de su tiempo diseccionando ranas y mirando al microscopio. Es un admirador de la ciencia positiva alemana, pero tampoco "cree" en la ciencia. Arkadi, un amigo hijo de nobles, define a Bazarov como un nihilista, y explica: «El nihilista es un hombre que no se doblega ante ninguna autoridad, que no acepta ningún principio como artículo de fe por grande que sea el respeto que se dé a este principio». Así, Bazarov desprecia el matrimonio, todo lo que huela a romanticismo, la fe en Dios y los usos sociales. El choque con el padre y el tío de Arkadi, Nikolai y Pavel Kirsanov, en cuya mansión rural se hospeda durante bastante tiempo, era inevitable. En particular se enfrentará con el tío Pavel, aristócrata y *dandy* a la inglesa, que creía en los principios aristocráticos. Incluso llegarán a retarse a duelo.

La temática del conflicto generacional, decíamos, es siempre actual. El mismo Nikolai –padre de Arkadi– reconoce que en las relaciones con su madre le explicaba que ella no podía entenderle porque pertenecía a otra generación. Turgenev, sin embargo, no es un populista que da razón siempre a los jóvenes. La figura de Bazarov no despierta admiración, sino más bien pena. Despreciándolo todo y no confiando en ninguna verdad, se aísla de los demás –también de sus padres, dos rusos tradicionales llenos de buenos sentimientos para su hijo, a quien, sin embargo, no logran comprender–, y aunque piensa que entiende a las clases populares, en el fondo también las desprecia, y él mismo es despreciado por ellas:

> Dirigíase Bazarov a veces a la aldea y como de costumbre, en plan de broma, entablaba conversación con algún mujik.
>
> –Y bien, hermano –le decía–. Expónme tu criterio sobre la vida. Porque se dice que en vosotros reside toda la fuerza y el porvenir de Rusia, que de vosotros arrancará una nueva época en la historia y que vosotros nos daréis la verdadera lengua y las leyes.
>
> El mujik, o no respondía nada, o balbucía palabras como:
>
> –Nosotros *pudemos*... también, porque..., o sea, así lo hemos *diterminado*.
>
> –Pero tú explícame qué significa vuestro mundo –le interrumpió Bazarov–. ¿De verdad es ese mismo mundo que descansa sobre tres peces?
>
> –Es la tierra, padrecito, la que reposa sobre tres peces –se explicaba el mujik con armonioso tono patriarcal y bondadoso–. Y frente a nuestro mundo, ya se sabe, está la voluntad de los señores, porque vosotros sois nuestros padres. Y cuanto más severo y exigente sea el señor, tanto mejor para el mujik.

Bazarov se encogió de hombros despectivamente y se alejó.

–¿De qué hablaba? –preguntó al primer mujik otro de mediana edad y aspecto taciturno, que había contemplado la escena desde el umbral de su isba–. ¿De los atrasos?

–¿De qué atrasos, hermano? –le respondió el primer mujik con voz en la que ya no quedaba ni rastro de aquel armonioso tono patriarcal y en la que, por el contrario, vibraba ahora con cierta dureza–. Hablaba por hablar, por darle a la lengua. Ya se sabe: un señor ¿acaso entiende de algo.

–¿De dónde va a entender? –respondió el otro mujik.

Y ambos comenzaron a contarse sus cuitas y necesidades. Entre tanto, Bazarov se encogió de hombros despectivamente, aquel mismo Bazarov tan seguro de sí mismo, que no sospechaba siquiera que a los ojos de los campesinos no era más que una especie de payaso.

Bazarov, sin embargo, experimenta una cierta transformación. Una ideología tan antihumana como el nihilismo no se puede vivir hasta sus últimas consecuencias si se mantiene al menos alguna conciencia de la dignidad personal. Reconoce que quiere a sus padres y a alguna mujer. Por otro lado, muere después de haber ayudado a realizar una autopsia a un enfermo de tifus: en la operación se corta y se contagia la enfermedad mortal.

Quien experimenta un cambio más profundo es Arkadi. Al comienzo de la novela se presenta como un discípulo de Bazarov, de quien admira sus ideas audaces y revolucionarias. Pero poco a poco va tomando conciencia de la limitaciones que conlleva la realidad. El cambio más radical se produce cuando se enamora de Katia. En esa joven descubre unos valores espirituales que le hacen cambiar sustancialmente de actitud. Leamos las palabras que dirige Arkadi a Katia en su declaración de amor:

> Ya no soy el muchacho tímido que era cuando vine, no en vano he cumplido los veintitrés años. Lo mismo que antes, deseo ser útil y consagrar todas mis fuerzas a la verdad, pero ya no busco mis ideales donde los buscaba en otro tiempo; me los imagino... mucho más cerca. Hasta ahora no me comprendía bien a mí mismo y me planteaba unos problemas inaccesibles para mí... Mis ojos se han abierto de pronto gracias a un sentimiento... No me explico con toda claridad, pero espero que usted me comprenda.

Se consagra a la verdad, pero ha abandonado la ideología estéril y dedicará el resto de su vida a mejorar humildemente el mundo circundante. Se casa con Katia, tiene hijos, trabaja como administrador de la finca de su padre, y paulatinamente va dignificando el ambiente en que se mueve. El amor sincero ha ejercido en su alma un poder redentor. Señala acertadamente Ghini que el amor «ha revelado a Arkadi un nuevo conocimiento sobre sí mismo, sobre su futuro y su destino (...). Ha superado las sequedades del racionalismo y del utilitarismo en un *ethos* que se organiza en torno a un nuevo *ordo amoris*. El Arkadi marido, padre y administrador de su finca que encontramos al final de la novela no es un personaje derrotado, un ex incendiario que se transformó tristemente en bombero. Todo lo contrario: Turgenev nos lo presenta como un realista que está cambiando efectivamente el mundo. Se puede consagrar a la verdad solo porque ha abandonado la arrogancia del ideólogo, ha comenzado a buscar los ideales más cerca y se ha asignado misiones alcanzables. Arkadi no es el resignado enterrador del ideal de juventud, sino más bien el eficaz realizador de un ideal digno de seguirse en esta vida»[5].

---

[5] GHINI, G., cit., p. 97.

La novela termina subrayando que, a pesar de los cambios generacionales, hay algunos valores que subsisten: el amor auténtico –concretado en el casamiento de Nikolai, que era viudo, con su amante, y de su hijo Arkadi con Katia– y la esperanza de la vida eterna. Los últimos párrafos de *Padres e hijos* se refieren a las visitas que hacen los padres de Bazarov a la tumba de su hijo:

> Hasta ella vienen con frecuencia desde la lejana aldea dos viejecitos decrépitos, marido y mujer. Apoyados el uno en el otro, caminan con pasos torpes; se acercan a la valla, caen de rodillas, se levantan, y durante largo tiempo lloran con amargura y contemplan largamente la piedra muda bajo la cual yace su hijo. Se cruzan breves palabras, quitan el polvo de la lápida, enderezan las ramas del abeto, y otras veces rezan, y no pueden abandonar este sitio donde parece que están más cerca de su hijo, de su recuerdo... ¿Es posible que sus oraciones, sus lágrimas, sean estériles? ¿Es posible que el amor, el amor santo y fiel, no sea todopoderoso? ¡Oh, no! Por muy apasionado, pecador y rebelde que fuese el corazón oculto bajo la tumba, las flores que crecen sobre ella nos miran serenamente con sus ojos candorosos; no solo nos hablan del descanso eterno, de esa gran paz de la Naturaleza "indiferente": nos hablan también de la eterna resignación y de la vida infinita...[6]

* * *

En 1860, y en San Petersburgo, Turgenev pronunció un famoso discurso, titulado *Hamlet y don Quijote*. Tratándose del más occidentalista de los autores analizados en este libro, me parece oportuno terminar este capítulo con la

[6] Ibid., p. 259.

mirada de un ruso sobre estos dos personajes gigantes de la literatura europea occidental.

Turgenev considera que todas las personas siguen, consciente o inconscientemente, los dos modelos existenciales que encarnan el personaje de Shakespeare y el de Cervantes. Hamlet «es la expresión de la fuerza centrípeta fundamental de la naturaleza, mediante la cual toda criatura se considera el centro de la creación, mientras contempla todo lo demás como algo que existe solo para él»[7]. Don Quijote, por el contario representa la fuerza centrífuga, «según la cual todo lo existente existe solo para los otros». Esta última actitud implica un «principio de fidelidad y sacrificio, que está alumbrado –para que todo quede en paz– por una luz cómica»[8].

Aunque el autor de *Padres e hijos* sostiene que las dos actitudes son necesarias para la existencia humana, se advierte en su tratamiento de los dos personajes una clara predilección por el ingenioso hidalgo.

> ¿Qué representa don Quijote? Ante todo, la fe; la fe en algo eterno, inmutable; en una palabra: en la verdad, en la verdad que se encuentra fuera del individuo, pero que es posible alcanzar; que exige un servicio y sacrificios, pero a la que se accede gracias a la constancia en ese servicio y a la fuerza de esos sacrificios. Don Quijote está penetrado por entero de la lealtad al ideal, por el cual está dispuesto a padecer todas las privaciones posibles, a sacrificar su vida; de hecho, solo valora su propia vida en cuanto le permite encarnar el ideal e instaurar la verdad y la justicia en el mundo. Se nos dirá que su imaginación trastornada extrae

---

[7] TURGENEV, I.S., *Hamlet y don Quijote*, en "Nueva Revista" (Madrid), n. 56, 1998, p. 168.

[8] Ibidem.

ese ideal del mundo fantástico de las novelas de caballerías –y en eso consiste precisamente el aspecto cómico de don Quijote–, pero toda la pureza del ideal permanece intacta. Don Quijote consideraría vergonzoso vivir para sí mismo, preocuparse de su persona. Él vive (si se puede expresar así) fuera de sí mismo, para los otros, para sus hermanos, para extirpar el mal, para enfrentarse a las fuerzas enemigas de la humanidad –a los magos y a los gigantes, es decir a los opresores–. En él no hay ni rastro de egoísmo, no se preocupa de su persona, se autosacrifica por entero –¡aprecien el valor de esa palabra!–, cree, cree firmemente y marcha sin volver la vista atrás. Por eso es intrépido, paciente y se contenta con una comida frugal, con las ropas más pobres: él no se preocupa de esas cosas. Su corazón es humilde; su alma, grande y audaz. Su conmovedora devoción no restringe su libertad. Ajeno a la soberbia, no alberga dudas sobre sí mismo, sobre su vocación, ni siquiera sobre sus fuerzas físicas. Su voluntad es una voluntad inquebrantable. Su constante aspiración a un mismo ideal dota de una cierta uniformidad sus pensamientos, de una cierta exclusividad a su espíritu. Sabe pocas cosas, pero no necesita saber mucho. Sabe cuál es su misión, para qué vive en el mundo, y ese es el conocimiento más importante. Don Quijote puede aparecer como un verdadero loco, porque incluso la realidad más evidente desaparece de su vista, se derrite como la cera bajo el fuego de su entusiasmo (confunde muñecos de madera con moros de carne y hueso, rebaños de corderos con caballeros andantes); en otras ocasiones, en cambio, parece un hombre limitado, porque se muestra reacio a la compasión y al placer; no obstante, lo mismo que un árbol añoso, ha echado profundas raíces en el suelo y no está en condiciones ni de cambiar sus convicciones ni de pasar de una tarea a otra; la fortaleza de su estructura moral (fíjense en que este loco caballero andante es la criatura más profundamente moral que existe en el mundo) dota de una grandeza, de una fuerza especial a todos sus juicios y palabras, a toda su figura, a pesar de las situaciones cómicas y humillantes en las que cae constantemente... Don Quijote es un entusiasta, un servidor de una idea, que le ilumina con su fulgor[9].

¿Y qué representa Hamlet?

Ante todo, el análisis y el egoísmo y, por tanto, la incredulidad. Solo vive para sí mismo, es un egoísta; pero este egoísta ni siquiera puede creer en sí mismo; solo se puede creer en lo que está fuera de nosotros, por encima de nosotros. No obstante, ese yo en el que no cree le resulta muy caro a Hamlet. Es su punto de partida, al que regresa continuamente, ya que no encuentra nada en este mundo a lo que poder ligarse con toda su alma. Es un escéptico al que solo preocupa e interesa su propia persona; en todo momento piensa no en sus deberes, sino en su propia situación. Al dudar de todo, Hamlet no se compadece a sí mismo; su espíritu está demasiado desarrollado como para contentarse con lo que hay en su propia persona. Es consciente de su propia debilidad, pero en toda conciencia de sí mismo hay fuerza; de ahí proviene su ironía, contraria al entusiasmo de don Quijote. Hamlet se flagela con entusiasmo, de manera exagerada, se analiza a sí mismo sin descanso, bucea incesantemente en su interior, conoce en todo detalle cada una de sus faltas, las desprecia, se desprecia, se desprecia a sí mismo y, sin embargo, es vanidoso. No sabe lo que quiere ni para qué vive y, sin embargo, siente apego por la vida...[10]

Iván Serguéievich Turgenev demuestra que se puede ser profundamente ruso y universal al mismo tiempo. Sus

---

[9] Ibid., pp. 160-161.
[10] Ibid., p. 161.

análisis de los personajes de otras tradiciones literarias manifiestan también cómo los clásicos abordan los grandes temas de la existencia humana. Dejamos a Turgenev para dedicarnos a los dos mayores exponentes de la literatura rusa: Dostoievsky y Tolstoi. En la inmensa galería de personajes de sus novelas, muchos se identificarán con el Hamlet de Turgenev. Otros, con su don Quijote.

5.
FIODOR DOSTOIEVSKY.
LA CONCIENCIA ATORMENTADA
(1821-1881)

Fiodor Dostoievsky nació en Moscú en 1821. Su madre era una mujer afectuosa, que murió cuando Fiodor era un adolescente de dieciséis años. Su padre, médico, fue una persona autoritaria, excesivamente rígida. Después de enviudar, empeoró su carácter y cayó en el alcoholismo. Dostoievsky, cuando se entera de la muerte de su padre, asesinado por sus siervos en su casa de campo, sufrirá una crisis moral: como nunca lo había querido y deseaba su muerte, se culpa del asesinato. Es una herida en su conciencia que siempre llevará consigo, y a la que aludió en *Los hermanos Karamazov*, en donde todo gira en torno a un parricidio.

Después de realizar sus estudios en Moscú, con preceptores y como interno en un instituto, Fiodor irá a San Petersburgo para estudiar en la Escuela de Ingenieros, junto con su hermano mayor Mijail. El futuro escritor, que había leído mucho en sus años de infancia y adolescencia, no se encuentra bien en la Escuela, y comienza a escribir mientras estudia. En 1846 publica su primera obra, *Pobres gentes*, de buena aceptación por la crítica, en la que describía con penetración psicológica la vida de los miserables de la ciudad. Nekrasov, uno de los literatos de mayor fama en esos años, le dijo al crítico Bielinsky, árbitro de las letras rusas: "Tenemos a un nuevo Gogol". Los inicios de su fama se le suben a la cabeza, pero las siguientes producciones no son del gusto de los críticos, y nuestro autor entra en conflicto con el mundo de los salones en el que había ingresado de la mano de su primera novela. En este período tiene sus primeros ataques de epilepsia, enfermedad con la que convive hasta su muerte.

Dostoievsky estaba relacionado con grupos intelectuales de ideas socialistas, como el círculo social-político de Petrashévski. El aparato represor del zar Nicolás I descubrió el grupo al que pertenecía, mediante espías que se hacían pasar como integrantes del mismo: después de ocho meses en la prisión de San Pedro y San Pablo, Dostoievsky fue condenado a muerte junto con otros correligionarios en 1849. Unos momentos antes de concretarse el fusilamiento, cuando los condenados estaban en el paredón y el pelotón listo para disparar, se anuncia que la pena había sido conmutada por prisión en Siberia, y por el cumplimiento de un servicio militar. Se trató de una puesta en escena cruel, preparada o por lo menos consentida por el propio zar. Dostoievsky nunca olvidará ese momento, y alude a él en algún pasaje de *Crimen y castigo* y de *El idiota*.

Pasará cuatro años en el presidio de Omsk, en compañía de presos que habían cometido grandes crímenes. Las circunstancias eran muy duras, tanto material como espiritualmente. Conservó siempre consigo un ejemplar de los Evangelios que le habían dado al entrar en el presidio, y aunque su fe es vacilante y atormentada, se enamora de la figura de Cristo. La experiencia de estos duros años, que marcan un antes y un después en su vida, quedó reflejada en *Recuerdo de la casa de los muertos* (1861).

Una vez cumplida su condena como presidiario, debe realizar un servicio militar como segunda parte de su castigo. Vivirá en una pequeña población de lo que hoy es Kazajstán, Semipalátinsk. En ese lugar conoce y se enamora de María Dmítrievna Isáieva, con quien contrae matrimonio después de la muerte del primer marido. Ella siempre estuvo dudosa de si casarse o no, pero una vez dado el paso se da cuenta de las limitaciones de carácter de Fiodor y sobre todo de su débil estado de salud, pues las crisis epilépticas se hacen cada vez más frecuentes. María pronto enfermará, y el matrimonio Dostoievsky nunca será feliz.

La muerte del zar Nicolás abre nuevas perspectivas tanto para Rusia como para el escritor. Consigue graduarse de oficial en el ejército, y se le permite regresar a la Rusia europea. Primero irá a Tver, para después, con la venia del zar Alejandro II, trasladarse a San Petersburgo. Allí, junto a su hermano Mijail, se dedica a su actividad literaria. Los dos fundarán una revista, *Tiempo*, que alcanzará un relativo éxito. Fiodor redactará la proclama programática de la revista, en la que se colocaba ideológicamente entre los liberales occidentalistas y los eslavófilos reaccionarios. En Rusia eran necesarias reformas –las estaba llevando a cabo el nuevo zar– pero a su vez había que ser fiel a la identidad nacional rusa. La experiencia siberiana permite a Dostoievsky entrar en relación con el pueblo ruso, sufrir con sus vejaciones y esperar en sus virtudes. Le sorprende la capacidad de aguante del pueblo, que se apoya en Cristo, a pesar de la ignorancia religiosa de la mayoría de la población acerca de los dogmas de la Iglesia.

En la revista publicará por entregas su novela *Humillados y ofendidos*, bastante mal acogida por la crítica. Pero sus recuerdos siberianos –*Recuerdo de la casa de los muertos*– le devuelven fama. Cansado por los esfuerzos que comporta su trabajo literario y la coordinación de la revista, realizará su primer viaje a Europa occidental. París, Londres, Ginebra y otras ciudades suizas e italianas le dan una visión de conjunto de la cultura occidental. Para Dostoievsky esa cultura está enferma de "progreso", y la considera superficial. La compara con la riqueza espiritual del pueblo ruso, a quien ya comienza a otorgarle un rol mesiánico.

La revista *Tiempo* es censurada por un artículo sobre la revolución en Polonia de 1863. Cansado de su mujer, se enamora de Paulina Suslova, una librepensadora que no cree en nada. Se encontrará con ella en París, a donde Paulina se había dirigido antes que Fiodor. Durante su ausencia, Paulina se enamora de un español, y confiesa a Dostoievsky que no le ama. A pesar de todo, Paulina acompañará a Fiodor por Alemania e Italia. En este viaje Dostoievsky prueba suerte en la ruleta en distintas ciudades alemanas, y se deja llevar por la pasión del juego. Tanto este vicio como su amor no correspondido por Paulina quedarán reflejados en su novela *El jugador*.

Totalmente arruinado por sus pérdidas en los casinos alemanes, Dostoievsky regresa solo a San Petersburgo. Su mujer está muy enferma, y la acompaña a Moscú, donde el clima más benigno podría ayudarla. Pero María pierde la cabeza y cae en situaciones extremas de delirios. Nuestro autor debe vivir entre Moscú y San Petersburgo, donde junto con su hermano Mijail deciden comenzar una nueva revista, *Época*.

En 1864 publica otra obra, de gran densidad, *Memoria del subsuelo*. Con este escrito comienza la segunda etapa literaria de Dostoievsky: si en la primera describió los sufrimientos de los pobres, los humillados, los presidiarios, y campeaba en sus obras una ideología humanitaria con elementos socialistas y liberales, a partir de ahora se zambulle en las profundidades del alma humana y en las tragedias de las decisiones de una libertad arbitraria y titánica. Este será el gran tema de sus novelas más célebres: *Crimen y Castigo*, *El idiota*, *Los demonios*, *Los hermanos Karamazov*.

A la muerte de su mujer, en abril de 1864, le sucede la de su hermano Mijail en julio de ese mismo año. Dostoievsky decide hacerse cargo de la familia de su hermano, y quiere honrar las deudas que dejó este por la revista *Época*. Se encuentra en una situación desesperada, y ha de firmar un contrato leonino, en cuyas cláusulas se compromete a entregar a un editor una nueva novela en un plazo determinado. En estas circunstancias escribe *El jugador* y la primera de sus grandes narraciones, *Crimen y Castigo* (1866). Contraerá segundas nupcias con una taquígrafa que le ayudaba en la elaboración de sus textos, Ana Grigorievna, veinte años menor que él: fue su ángel tutelar. Ana consiguió poner un poco de orden en los papeles de su marido, a la vez que le dio un sostén afectivo importante. Debido a las deudas debe irse de Rusia, y estará junto a Ana cuatro años en distintos países de Europa Occidental, fundamentalmente en Alemania, Suiza e Italia.

Estos años de exilio se caracterizan por la pobreza extrema, el vicio del juego –que hace deambular a Dostoievsky por las ruletas centroeuropeas–, y el nacimiento de sus dos hijas. La primera, Sonia, morirá poco después de nacer, en 1868. La alegría inmensa que le había producido su hija se convierte en una tristeza profunda. Pero al año siguiente nacerá Amada, sana y fuerte, que sobrevivirá a su padre. Las alternativas de fortuna hacen que Dostoievsky escriba en algunos períodos con intensidad, pero pasa meses sin poder trabajar. Fue admirable el acompañamiento de su mujer, que sufrió intensamente por la ludopatía de su marido y por el agravamiento de su epilepsia. En 1868 publicó *El idiota*, y tres años después *Los demonios*. Esta novela iba a formar parte de una obra de gran aliento, que se iba a titular *La vida de un gran pecador*, pero que no pasó de proyecto, aunque tanto *El adolescente* como *Los hermanos Karamazov* figuraban en el boceto de esta obra. Su fama fue creciente, y logra regresar a Rusia con el dinero que le daban por adelantado sus editores. Nuestro escritor profundizó en su visión crítica de la cultura europea y anhelaba volver a encontrarse en su patria. Pocos días después de llegar a San Petersburgo, en julio de 1871, nace su hijo Fiodor. En 1875 publica *El adolescente*. En ese mismo año nacerá otro hijo, Alexis, que morirá en 1878.

En el último período de su vida se dedicó con gran entusiasmo a redactar los artículos del *Diario de un escritor*. Primero fueron apareciendo en una sección del periódico *El ciudadano*, del que fue director un tiempo, pero después publicó una revista propia con ese título. Allí nuestro autor se explaya analizando todo tipo de argumentos de la vida rusa, y en particular se presenta como el gran defensor de la idea mesiánica de su pueblo. Se exalta con la guerra en los Balcanes, que ve como el auxilio de Rusia a favor de sus hermanos ortodoxos contra el Imperio Otomano. El pueblo ruso es cristóforo, es decir portador de Cristo, y traerá la salvación a toda la humanidad. Estas ideas nacionalistas serán expresadas con particular fuerza en 1879, cuando pronuncia en Moscú un discurso en honor de Pushkin. Dostoievsky fue ovacionado y considerado un profeta.

A finales de 1880 aparece quizá la obra cumbre de Dostoievsky, *Los hermanos Karamazov*, donde están presentes todos los temas de su visión del mundo: la libertad, el mal, el sentido de la existencia, etc. Empleó tres años en la redacción de la novela. Pero en enero de 1881, después de publicar esta gran obra, moría en San Petersburgo con apenas cincuenta y nueve años. Su muerte produjo una gran conmoción, y a su entierro asistieron treinta mil personas. En sus últimos momentos fue confortado con los auxilios de la religión: se confesó, comulgó y leyó el Evangelio. Su viuda se dedicó a ordenar todos los documentos de su marido e impulsó la publicación de sus obras completas. Aunque pudo vivir holgadamente con los derechos que cobró por las obras de Dostoievsky, morirá en la penuria en 1918, en Yalta, en medio del caos de la Revolución rusa, profetizada por Fiodor en *Los demonios*[1].

* * *

La vida de Dostoievsky es tan trágica como su obra. Condicionado por la enfermedad, perseguido por los acreedores, luchando contra sus pasiones –una fe atormentada, una sensualidad desbordada y la afición al juego–, Dostoievsky no tiene casi nunca un momento de paz. Lo mismo sucede en sus novelas, en las que lo "normal" y lo "ordinario" brillan por su ausencia. «Entre Dostoievsky y su destino –escribe Stefan Zweig– se libra un combate sin tregua, una especia de amorosa hostilidad. Todos los conflictos lo aguzan dolorosamente, todos los contrastes aguzan su dolorosa sensación de desgarramiento. La vida

[1] Cfr. TROYAT, H., *Dostoievsky*, 2 vols., Salvat, Barcelona 1985.

le hace sufrir porque le ama, y él la ama porque le aprieta hasta ahogarle, pues este hombre, en quien reside la mayor de las sabidurías, sabe que en el dolor se guardan las más grandes posibilidades del sentimiento»[2].

Zweig, junto con otros autores, sostiene que la epilepsia es clave para entender algunos aspectos de su obra: esos instantes de luz que se producen en las tramas de las novelas, y que preanuncian la hecatombe que sucederá a continuación. Según el testimonio del mismo Dostoievsky, «ningún hombre sano puede siquiera sospechar el sentimiento de felicidad que invade al epiléptico un segundo antes del ataque»[3]. En *Los demonios*, Kirillov comenta a Shatov que de vez en cuando experimenta unas sensaciones extrañas:

> Hay segundos (solo cinco o seis a la vez) en que de pronto siente uno la armonía eterna plenamente lograda. No es nada de este mundo. No quiero decir que sea algo divino, sino que el hombre, en cuanto ser terrenal, no lo puede sobrellevar.

Shatov le contesta:

> Tenga cuidado, Kirillov. He oído decir que así empiezan los ataques. Un epiléptico me describió detalladamente la sensación que precede al ataque: en todo punto, como lo ha dicho usted. Dijo también que duraba cinco segundos y que era imposible resistirla más tiempo. Recuerde el jarro de Mahoma, del que no se derramaba una gota de agua mientras el Profeta daba a caballo una vuelta al Paraíso. El jarro son los cinco segundos. Eso se parece mucho a la

---

[2] ZWEIG, S., *Tres maestros*, Juventud, Barcelona 1987, p. 118.
[3] Citado por ZWEIG, S., cit., p. 123.

armonía de usted, y Mahoma fue epiléptico. Tenga cuidado, Kirillov; eso es epilepsia.

Lejos de la armonía universal que experimentaba Kirillov, el autor de *Crimen y castigo* hace mover a sus personajes siempre entre abismos y precipicios, en estados psicológicos extremos. El lector de sus obras tiene que estar preparado para eso: Dostoievsky no ayuda a descansar después de un día lleno de problemas. Escribe Zweig: «No puede negarse, ni hay por qué ocultarlo o disfrazarlo: la relación de Dostoievsky con sus lectores no es un coloquio amistoso y plácido, sino un verdadero duelo, erizado de instintos peligrosos, voluptuosos, crueles»[4].

La obra de Dostoievsky ha suscitado muchos estudios, porque estamos no solo frente a un gran novelista, sino a un gran pensador. Vamos a analizar algunas de las ideas de fondo de este autor, para después presentar algunos personajes de sus obras fundamentales, que encarnan dichas ideas. Todos los análisis que siguen se centran en las obras publicadas después de 1864, es decir, a partir de las *Memorias del subsuelo*, cuando Dostoievsky abandona el humanitarismo sentimental y desarrolla su antropología trágica centrada en la dialéctica entre el bien y el mal.

Nicolaj Berdiaev, uno de los más intuitivos estudiosos del pensamiento del novelista ruso, afirma que «las ideas interpretan un enorme papel central en la obra de Dostoievsky y la genial dialéctica de las ideas no ocupa un lugar menor que su excepcional psicología. La dialéctica de las ideas es un género singular en su arte. Con su arte penetra en los principios de la vida de las ideas, y la vida de las ideas traspasa su arte. Viven orgánicamente en él,

---

[4] ZWEIG, S., cit., p. 183.

tienen su inevitable destino vital. La vida de las ideas es dinámica, en ella no hay nada de estático, no hay detención ni osificación, y Dostoievsky investiga los procesos dinámicos de la vida de las ideas. De su obra se levanta un fogoso torbellino de ideas. La vida de las ideas transcurre en una atmósfera candente, fogosa –Dostoievsky no tiene ideas tímidas ni le interesan–. En verdad, en Dostoievsky hay algo del espíritu de Heráclito. En él todo es fogoso y dinámico, todo está en movimiento, en contradicción y lucha. Las ideas de Dostoievsky no son categorías petrificadas y estáticas, son corrientes de fuego. Todas las ideas de Dostoievsky están relacionadas con el destino del hombre, el destino del mundo, el destino de Dios. Las ideas determinan el destino. Las ideas de Dostoievsky son profundamente ontológicas, existenciales, enérgicas y dinámicas. En ellas se concentra y se oculta la destructiva energía de la dinamita, y Dostoievsky muestra cómo las explosiones de las ideas destruyen y traen la muerte, pero en la idea también se concentra y se oculta una energía resucitadora y regeneradora. El mundo de las ideas en Dostoievsky es un mundo completamente particular, extraordinariamente singular, muy distinto del mundo de las ideas de Platón»[5] .

En la obra de Dostoievsky todo gira en torno al misterio del hombre y su relación con Dios. Para abordar dicho misterio, el escritor penetra en la interioridad atormentada de sus personajes principales. Hay pocas descripciones exteriores, porque lo que le interesa es la tragedia de un alma frente al uso de la libertad, aunque necesariamente debe situar a sus personajes en un espacio, en un tiempo y en un marco social determinado.

---

[5] BERDIAEV, N., *El espíritu de Dostoievsky*, Nuevo Inicio, Granada 2008, pp. 5-6.

Respecto al espacio, las descripciones de la naturaleza, tan habituales y bellas en la tradición literaria rusa, en Dostoievsky están prácticamente ausentes. Lo que aparece en sus narraciones son «los lugares referidos al hombre, espacios interiores y espirituales, intimidad cargada de presencia humana, cajas de resonancia de dramas interiores y de secretas tragedias»[6]. Así, nos vienen a la cabeza las habitaciones alquiladas, pobres, sucias, con papeles viejos en las paredes y muebles fuera de moda de Raskolnikov, Kirillov o de los Marmeladov. Difícilmente encontraremos en sus obras un hogar lleno de luz y de calor humano, como abundan en las obras de Austen, Dickens, e incluso en el mismo Tolstoi.

El tiempo, en las grandes novelas de Dostoievsky, es siempre apresurado. Su ritmo nunca es plácido, tranquilo, sereno. Los acontecimientos se precipitan y las consecuencias no se hacen esperar. Escribe Pareyson que «el tiempo y el espacio de sus obras son bien diferentes de los reales y físicos: son espacios y tiempos espirituales, lugares de dolor y de tragedia, minutos decisivos para todo un destino. El medio artístico, que imprime y representa su concepción filosófica, constituye una intensificación intencional del espacio y del tiempo que genera un espacio hacinado y un tiempo acelerado»[7].

Junto a la situación espacio-temporal, el hombre se encuentra inserto en un pueblo, con tradiciones, creencias, costumbres. En sus obras aparece un vasto retrato del pueblo ruso. El hombre o la mujer del pueblo manifiestan lo que es genuino, primitivo, esencial. Desde la perspectiva

---

[6] PAREYSON, L., Dostoievski. *Filosofía, novela y experiencia religiosa,* Encuentro, Madrid 2008, p. 37.

[7] Ibid., p. 39.

de nuestro autor, Dios está presente en el pueblo sencillo, formado por las madres que sacan adelante sus familias con esfuerzo y con fe, a pesar del dolor que causan la borrachera y la violencia de sus maridos; por esos niños llenos de bondad y de ingenuidad, que perderán rápidamente cuando la vida les enseñe la dureza del corazón humano, si es que logran sobrevivir a los primeros años de su existencia; por esos campesinos rudos, que frecuentemente dejan libres sus pasiones, pero que también se arrepienten y acuden con lágrimas al icono sagrado, que deja escapar destellos dorados en la penumbra de los templos o de las isbas, apenas alumbrada por la luz de las velas.

En Dostoievsky todo tiene un significado religioso, y el "pueblo" –a pesar de sus pecados– es el santo pueblo de Dios. Cristo está presente entre ellos, no como identificación panteísta, sino como Aquel que comparte el destino de dolor y sufrimiento, y promete, a través de la aceptación de los dolores de esta vida, un mundo mejor. Escribe Guardini: «La existencia del pueblo no es juzgada santa en sí misma (...) sino que en todos sus aspectos está abierta a la santidad; inmediatamente, al lado de sus confines, está Dios. Puede suceder que de un momento al otro el individuo más corrupto, que está medio borracho en una taberna, se ponga a hablar de Dios y del sentido de la vida. Lo hace con tanta profundidad, que uno no puede menos que escucharlo, porque él, en ese momento, es digno de fe»[8]. El starets Zósima, figura entrañable de *Los hermanos Karamazov*, dice: «Este pueblo lleva a Dios en su corazón». Y Shatov, en *Los demonios*, asegura que «quien no tiene pueblo no tiene Dios. Todos los que dejan de

---

[8] GUARDINI, R., *Il mondo religioso di Dostojevski*, Morcelliana, Brescia 1951, p. 20.

entender a su pueblo y pierden su vínculo con él pierden asimismo, y en igual medida, la fe paterna y acaban siendo ateos o indiferentes».

Teniendo a este pueblo como fondo –una muchedumbre de gente sencilla, pobre, resignada, creyente, pecadora y arrepentida– se dibujan nítidamente los caracteres de los protagonistas de sus narraciones. En las grandes novelas dostoievskyanas destaca un grupo de personajes muy bien caracterizados psicológica y espiritualmente, hasta llegar a las profundidades de sus almas. Así sucede con Raskolnikov en *Crimen y castigo*, con el príncipe Mishkin en *El idiota*, con Versilov en *El adolescente*, con Stavroguin, Kirillov y Shatov en *Los demonios*, con Iván, Dimitri y Aliosha Karamazov en *Los hermanos Karamazov*, etc.

Estos personajes encarnan ideas. Pareyson afirma que «los héroes de Dostoievsky son "ideas personificadas", no temporales y transitorios como tantos individuos, ni abstractos y temporales como los conceptos, sino figuras en las que se unen indisolublemente tiempo y eternidad: una eternidad manifiesta en su concreta presencia en la realidad visible, y un tiempo concentrado en virtud de su constitutiva relación con la eternidad. Los sucesos de los personajes de Dostoievsky se despliegan sobre un telón de fondo eterno: el verdadero acceso a sus novelas se obtiene precisamente cuando proyectamos la narración sobre este fondo de eternidad que la constituye en "metahistoria"»[9].

Berdiaev califica su antropología de "turbulenta". Llegando al fondo de la naturaleza humana, a Dostoievsky le interesa el destino del hombre en libertad, cuando esta degenera en arbitrariedad. El hombre no es un ser completamente racional: muchas veces desea lo absurdo, y lo

---

[9] PAREYSON, L., *Dostoievski...*, p. 43.

hace porque tiene conciencia del "derecho" a querer lo absurdo. Es un rebelde, que rechaza el mundo dado. Muchos personajes de Dostoievsky poseen una voluntad arbitraria, que piensan que es todopoderosa, que tiende a la imagen del hombre-dios. Tales personajes siembran el mal en el mundo y son causa de destrucción de los lazos sociales. Pero a su vez, desde este subsuelo del alma humana, el hombre puede tender al Dios-Hombre, es decir a Jesucristo, única luz para intuir quién es el hombre en realidad. Se puede tocar el fondo del abismo del alma que rechaza toda subordinación, pero de ahí se puede resurgir hacia la luz. Por eso afirma el obispo Tichon, en *Los demonios*, que «el ateo absoluto está en el penúltimo escalón para llegar a la fe absoluta».

Escribe Berdiaev: «Este camino de la libertad lleva o bien al hombre-dios y allí el hombre encuentra su perdición, o bien al Dios-Hombre y en ese caso halla su salvación y la confirmación definitiva de su imagen terrenal. Pues el hombre solo existe si es imagen y semejanza de Dios, solo existe si Dios existe. En el caso de que Dios no exista, de que el hombre se haga él mismo Dios, y no hombre, su propia imagen perecerá. El problema del hombre no tiene solución sino en Cristo»[10]. Estamos frente a una visión del hombre dinámica, dialéctica, contradictoria, alejadísima de las miradas del humanismo racionalista o positivista.

Para Dostoievsky la libertad es el elemento esencial de su visión del mundo. Ahora bien, hay dos tipos de libertad: la elección entre el bien y el mal, y la libertad en el bien. En el cristianismo la libertad final o en el bien es encarnada en Jesucristo, quien afirmó que la verdad nos

[10] BERDIAEV, N., cit., p. 54.

hará libres, y que Él es la Verdad. Es una Verdad a la que hay que acceder libremente, sin coacción. De ahí toda la crítica de Dostoievsky al catolicismo, el cual –según la perspectiva llena de prejuicios propias de su tradición rusa– obliga a adherirse a la verdad, actitud que provoca todas las hogueras de la Inquisición. Evidentemente, mucho habría que decir de esta visión, aunque no hay que negar que a veces se sacrificó la libertad en el altar de la verdad. Para Dostoievsky –y para toda la tradición cristiana, y en primer lugar la católica– la fe ha de ser libre, no impuesta.

Además de la libertad en el bien, encontramos la libertad como arbitrariedad, que destruye la libertad misma. «La libertad se convierte en esclavitud, la libertad hace perderse al hombre cuando el hombre, en el alboroto de su libertad, no quiere reconocer nada superior a él. Si no hay nada más alto que el hombre, tampoco hay hombre. Si la libertad no tiene un contenido, un objeto, si no hay conexión entre la libertad humana y la libertad divina, entonces tampoco hay libertad. Si el hombre lo tiene todo permitido, la libertad humana se convierte en esclavitud de sí mismo y la esclavitud de sí mismo hace perderse al mismo hombre»[11]. Iván Karamazov, Kirilov o Stavroguin ejemplifican esta actitud de una libertad pretendidamente infinita que termina con la destrucción de sus vidas.

La libertad arbitraria es una fuerza negativa que crea el caos. De ahí que en muchos de sus personajes se manifieste un deseo de poner arbitrariamente un orden a este mundo. Son los proyectos de “hormiguero social” que terminan negando la libertad de los hombres. Los paraísos imaginados se convierten en auténticos infiernos,

---

[11] Ibidem.

pues pretenden crear la sociedad justa mediante el mal: los revolucionarios de Dostoievsky no dudan en asesinar o en sacrificar grupos enteros de personas en aras de una "idea" que está destinada a tener alguna realización en un futuro siempre indeterminado, y que nunca llega. En *Los demonios*, Piotr Stepanovich, cabecilla de una secta de anarquistas, explica a sus colegas:

> Uno de los motivos por los cuales se han unido en una organización independiente de hombres libres que profesan idénticas ideas ha sido el de aunar sus energías en un momento dado y, si fuera necesario, observarse y vigilarse mutuamente. Cada uno está obligado a responder plenamente de sí mismo. Están ustedes llamados a insuflar vida nueva en un organismo decrépito y atacado de parálisis; ténganlo siempre presente para ganar nuevos bríos. De momento, lo que hacen tiene como fin la destrucción de todo lo existente: el Estado y su estructura moral. Solo quedaremos nosotros, los que nos hemos preparado de antemano para conquistar el poder. Nos atraeremos a los inteligentes y cabalgaremos sobre los imbéciles. Esto no deben ustedes perderlo de vista. Habrá que reeducar a una generación para hacerla digna de la libertad.

La arenga estaba destinada a convencerles de la necesidad de asesinar a Shatov, un eslavófilo que había pertenecido a esa célula anarquista. Como manifiestan muchas revoluciones del mundo moderno, de la libertad ilimitada prometida se pasa al despotismo ilimitado.

En la novela *Los hermanos Karamazov*, Iván afirma que «si destruís en el hombre la fe en la propia inmortalidad, inmediatamente se apagará en él no sólo el amor, sino también cualquier fuerza vital capaz de perpetuar la vida en el mundo. Y no sólo eso: entonces no habrá nada inmoral, todo será permitido, incluso la antropofagia. Pero no hemos acabado: (...) para cada individuo, como nosotros ahora por ejemplo, que no crea ni en Dios ni en la propia inmortalidad, la ley moral natural debe transformarse inmediatamente en lo opuesto de la antigua ley religiosa, y el egoísmo, llevado hasta el delito, debe ser no sólo permitido al hombre, sino incluso reconocido como la solución necesaria, la más razonable, e incluso diría la más noble, en sus condiciones». He aquí la conclusión de Dostoievsky. El hombre sin Dios se destruye a sí mismo y destruye a los demás.

Podríamos seguir profundizando en la insondable filosofía de Dostoievsky. Me parece preferible hacerlo a través de algunos personajes de sus novelas principales. Empecemos por *Crimen y castigo*, para seguir con *El idiota*, *Los demonios* y *Los hermanos Karamazov*.

CRIMEN Y CASTIGO: RASKOLNIKOV Y SONIA

El personaje principal de *Crimen y castigo*, Raskolnikov, es un antiguo estudiante de derecho, enfermizo y sin recursos, de unos veintitrés o veinticuatro años, que vive en una pobre habitación en San Petersburgo. Había escrito un artículo, publicado en una revista, en donde defendía la tesis de que el crimen era justificable si lo ejercía un hombre superior, en el caso de que lo considerara necesario para el ejercicio del poder. Raskolnikov afirmaba la existencia de hombres superiores, geniales, que poseían poder, y que se distinguían de la gran masa de los hombres, destinados a someterse a los poderosos. Estos hombres anónimos estaban en la tierra solo para reproducirse, sin dejar huella en la historia. Ponía el ejemplo de algunos personajes del pasado que encarnaban el ideal de hombre superior, y en particular el de Napoleón.

Desde hacía tiempo Raskolnikov venía maquinando en su interior la posibilidad de llevar a cabo su doctrina, asesinando a una vieja usurera que no aportaba nada a la sociedad. Después de mucho cavilar, lleva a cabo su crimen. Por circunstancias imprevistas también asesina a la hermana de la vieja, Isabel. Dostoievsky describe toda la dinámica del asesinato, que Raskolnikov realiza a hachazos, brutalmente, dejando un lago de sangre en la habitación.

Toda la novela gira en torno a la psicología del asesino. A pesar de estar en la miseria, no mata por el dinero sino para ir en contra de un principio moral, y erguirse como árbitro del bien y del mal. Pero después de cometer el asesinato, lejos de sentirse un superhombre, Raskolnikov se debate con el peso de su conciencia –aunque hasta el final de la novela no se arrepiente del homicidio– y comprueba que sigue siendo un pobre desgraciado. Necesitado de contar a alguien lo ocurrido, decide confiarse en Sonia, una joven que se había prostituido para llevar dinero a su familia. Dicha familia, los Marmeladov, estaban en la ruina por las borracheras continuas de su padre.

En su confesión, después de dar muchos rodeos, Raskolnikov le explica:

> Yo siempre me estaba preguntando: "Ya que sabes que los demás son unos bestias, ¿por qué no intentas tú ser más inteligente que ellos?". Pero inmediatamente me di cuenta, Sonia, de que si esperara el momento en que todo el mundo fuera inteligente sería necesario tener mucha paciencia. Más adelante me convencí de que ese momento no llegaría nunca, que los hombres no cambiarían jamás y que se perdía el tiempo intentando modificarlos. ¡Sí, así es! Esa es su

ley... Yo estoy convencido ahora de que el amo de ellos es el que posee inteligencia superior. El que sea atrevido será el que tenga más razón. El que los desafía y los desprecia les impone respeto. Esto es lo que siempre se ha visto y se verá. Habría que estar ciego para no verlo (...). Entonces me convencí, Sonia –continuó, acalorándose cada vez más– de que el poder no se le concede más que al que se inclina para tomarlo. Todo consiste en eso: basta, pues, atreverse. Desde el momento en que esa verdad se me presentó clara como el sol, quise "atreverme", y asesiné...; únicamente quise ser audaz, Sonia, y ese fue el móvil de mi acción.

Tras unas exclamaciones de Sonia, que va comprobando la hondura del mal en Raskolnikov, este prosigue:

¿Crees acaso que yo fui como un aturdido, como un desequilibrado? No: lo hice después de duras reflexiones, y eso fue lo que me perdió. Cuando yo me preguntaba si tendría derecho al poder, me daba perfecta cuenta de que mi derecho era nulo por lo mismo que lo sometía a pregunta. Cuando me preguntaba si una criatura humana era un gusano, sabía que no me lo preguntaba por mí, sino por el audaz que no se hace esta pregunta y que obra sin torturarse el cerebro con semejante duda... Por último, el solo hecho de plantearme este problema: '¿Habría matado Napoleón a aquella vieja?', bastaba para demostrarme que yo no era un Napoleón... Finalmente, renuncié a buscar justificaciones sutiles: quise matar sin pensarlo, matar por mí, ¡por mí solo! Hasta en un asunto como este desdeñé fantasear con mi conciencia. Si maté no fue por aliviar el infortunio de mi madre, ni para consagrar al bien de la humanidad el poder y la riqueza que, a mi entender, me ayudaría a conquistar aquel crimen. No, no, todo eso estaba lejos de mi espíritu. En aquel momento no me preocupaba en absoluto por saber si haría bien a alguien o si sería durante toda mi vida un parásito social... El dinero no fue el principal móvil del asesinato para mí; fue otra razón la que me determinó a ello... Ahora lo veo... Compréndeme; si tuviera que repetir aquello es posible que no lo hiciera. Pero entonces tenía prisa por saber si yo era un gusano como los demás o un hombre, en la verdadera acepción de la palabra; si tenía o no en mí la energía para franquear el obstáculo, si era una cobarde criatura o si tenía "derecho".

–¿Derecho a matar? –exclamó Sonia estupefacta.

Sonia había entregado su cuerpo al pecado, pero no su alma, que permanecía pura. Es una mujer de gran dignidad moral, siempre preocupada por los demás. Cuando Raskolnikov le confiesa su condición de homicida, Sonia lo abraza apiadándose de él, pues lo considera el hombre más desgraciado del mundo. Esta joven, si bien se desenvuelve en medio de un mundo de miseria y de pecado, se confía plenamente a la providencia divina. En una entrevista entre ella y Raskolnikov, anterior a su confesión, este le pregunta si reza mucho:

–¿Qué sería de mí sin Dios? –dijo ella en voz baja pero enérgica, con sus ojos brillantes y estrechándole fuertemente las manos.

"Vaya, no me engañaba", se dijo para sí, y añadió dirigiéndose a Sonia como para aclarar sus dudas:

–Pero, ¿qué es lo que ha hecho Dios por ti?

Sonia permaneció en silencio, como si no se hallase en estado de responder. La emoción henchía su débil pecho.

–¡Cállese! ¡No me pregunte! Usted no tiene derecho –exclamó de pronto, mirándole encolerizada (...). ¡Dios lo puede todo! –murmuró ella rápidamente, volviendo a mirar al suelo.

Después de este diálogo, Raskolnikov ve un ejemplar del Nuevo Testamento, y pide a Sonia que le lea el pasaje de la resurrección de Lázaro, cosa que Sonia hace emocionada.

Sonia está dispuesta a acompañar a Raskolnikov a la cárcel. Finalmente, el asesino confiesa su crimen a la policía, y es condenado a ocho años de trabajos forzados en Siberia. Sonia lo seguirá en su destierro, y tiene continuas atenciones con él, aunque Raskolnikov le corresponde con indiferencia y fastidio, a causa de su mundo interior enfermo. Nadie lo quiere en el presidio, y, por el contrario, Sonia es objeto de cariño y agradecimiento por parte de los reclusos.

En el último capítulo, Raskolnikov, después de muchos sufrimientos interiores, se arroja a los pies de la joven y llora con dolor y arrepentimiento. Los dos se dan cuenta de que están enamorados, y que la fe y la bondad de Sonia sacaron a Raskolnikov del abismo moral en el que había caído:

> Debajo de su almohada había unos evangelios. Tomó aquel libro mecánicamente. Era de Sonia, el mismo libro donde otro día le leyera la resurrección de Lázaro. Al principio de su cautiverio esperó una persecución religiosa por parte de la joven, creyendo que iría a hablarle constantemente y fastidiarle con el evangelio; pero con gran extrañeza suya, Sonia no llegó ni siquiera a ofrecerle el santo libro. Él mismo fue quien se lo pidió un poco antes de su enfermedad, y ella lo trajo sin añadir ni una palabra. No lo había abierto hasta ahora.
>
> Tampoco ahora lo leía, pero un pensamiento cruzó rápidamente por su cerebro: "¿Pueden no ser mías sus conclusiones? ¿Puedo yo tener distintos pensamientos y tendencias diferentes que los de ella?".

La libertad arbitraria del superhombre termina en un abismo de mal, pero de allí se puede resurgir porque todo es posible para Dios. El sufrimiento de Raskolnikov –su castigo por el crimen– lo puso junto a Sonia, que con su bondad, su amor desinteresado y su dolor compartido le dio una nueva vida, que lo redimió.

El príncipe Mishkin, figura de Cristo

El 31 de diciembre de 1867, Dostoievsky escribe: «Desde hace tiempo me ha atormentado una cierta idea, pero me atemoriza desarrollarla en una novela, porque es una idea muy difícil de realizar, y yo no me siento preparado. Es, sin embargo, una idea muy seductora y la amo mucho. Esta idea es: *representar a un hombre del todo bueno*. Según mi opinión no puede haber nada más difícil, especialmente en nuestro mundo»[12].

Al día siguiente, en carta a su sobrina María Ivánova corregía el tiro y describía al protagonista de su nueva novela como "un hombre positivamente bueno". Leamos: «La idea principal de la novela consiste en representar a un hombre positivamente bueno. No existe nada más difícil en el mundo, especialmente hoy. Todos los escritores que han afrontado la representación de un hombre positivamente bueno han fracasado. Porque esta es una tarea desmesurada... En el mundo solo existe una persona positivamente buena: Cristo. De modo que la aparición de este hombre desmesurada, ilimitadamente bueno es ya de por sí un milagro ilimitado... Recordaré solamente que de hombres buenos en la literatura cristiana el único acabado es don Quijote. Pero este es bueno exclusivamente porque al mismo tiempo es también cómico»[13].

---

[12] Citado por Pareyson, L., cit., p. 144.
[13] Ibidem.

La novela que está elaborando en esos momentos Dostoievsky es *El idiota*. En algunas de sus notas, pone en relación al príncipe Mishkin con Cristo. Según Lo Gatto, el personaje principal de *El idiota* «es sin duda la imagen "analógica" de Cristo, con sus tres cualidades interiores: la condición enigmática, la inocencia y la santidad»[14]. En la novela también hay alusiones a don Quijote. Dostoievsky, años más tarde, diría que «en todo el mundo no hay nada más profundo y más fuerte que don Quijote (...), la última y más elevada expresión del pensamiento humano, la más amarga ironía que el hombre hubiera podido expresar».

No es fácil resumir la trama de esta novela. El príncipe Mishkin regresa a Rusia después de haber estado en Suiza, donde se curó de su idiotez, es decir, de una enfermedad nerviosa manifestada en impotencia de la voluntad, desconfianza en los demás, inexperiencia en las relaciones sociales. En el tren, camino de su tierra natal, conoce a Rogózin, un comerciante que está enamorado de Nastasia Filipóvna. Esta mujer, con un pasado turbulento, está comprometida con Gania, a quien no ama. Mishkin es introducido en el círculo de Nastasia y sin desearlo se ve totalmente involucrado en las relaciones amorosas de la Filipóvna. Rogózin ofrecerá dinero para ser el amante de Nastasia. Mishkin, para salvarla de la ignominia moral, le propone que se case con él. La trama se va complicando: se establece una relación de amistad entre Mishkin y Rogózin, en la que no están completamente ausentes los celos de este último y un intento de asesinar al príncipe. La novela tiene un final trágico: Rogózin asesina a Nastasia, y Mishkin vuelve a caer en su enfermedad nerviosa,

[14] LO GATTO, E., cit., p. 325.

agotado por las tensiones que le provocó estar en el centro de las relaciones enfrentadas de un grupo humano de pasiones intensas.

¿En qué sentido Mishkin es una imagen de Cristo? Vamos a seguir el análisis de Pareyson. El príncipe es un ser anormal y enfermo, que sorprende a todos con su ingenuidad: no razona según la lógica mundana y está inerme frente a la maldad y a los engaños de los hombres. Pero a su vez, las personas que se burlan de él cuando lo conocen por primera vez, se sorprenden de la agudeza que tiene el príncipe para penetrar en los corazones y comprender lo que les está pasando.

Esta ambigüedad del príncipe expresa su carácter simbólico. Escribe Pareyson: «Mishkin no solo simboliza el bien, sino directamente a Cristo. A la figura de Cristo se suma el "escándalo" en el sentido de que Él es Dios mismo en "figura de siervo", como dice san Pablo, y no existe una encarnación más adecuada de Dios que esta figura humilde y pobre. Ahora, el absurdo de que Dios haya elegido la "figura de siervo" no es mayor que el absurdo de escoger a un "idiota" como símbolo de Cristo. El Verbo ha elegido encarnarse en la figura de siervo para ser reconocido por sí mismo y no a causa de grandezas terrenas. De este modo ha puesto frente a los hombres la elección entre la audacia de la fe y la comodidad de la negligencia. Asimismo, frente al príncipe Mishkin "es necesario elegir" entre una interpretación psicológica y una interpretación simbólica, entre verlo como un ser débil y enfermo o como el símbolo de Cristo. Esta segunda posibilidad no se ve disminuida, sino más bien avalada por su enfermedad, porque esta constituye una imagen de la "humillación" de Cristo, de su presencia humilde y modesta en medio de los hombres, expuesta a la displicencia, al desprecio y al ridículo frente a todos ellos, cultos e ignorantes»[15].

Dostoievsky dota a su personaje de características espirituales que lo asemejan a Cristo: tiene una capacidad ilimitada de perdonar, es de una sinceridad absoluta, es sencillo, humilde, confiado. Atrae a las almas más débiles, como las de los niños y algunas mujeres; se deja ofender sin defenderse; con su contacto algunos se sienten llamados a mejorar interiormente.

Mishkin posee la "inteligencia del corazón": su modo de ser parece infantil, y quizá lo es, porque en los niños resplandece la verdad y el bien. Carente de la astucia humana y de la prudencia de la carne, Mishkin ve siempre más en profundidad y cala en el interior de las personas que trata.

Nastasia Filipovna dirigirá a Mishkin estas palabras: «Adiós, príncipe, ¡por primera vez en mi vida he visto a un hombre!». El "idiota" inadaptado a las convenciones sociales de este mundo, encarna, sin embargo, la auténtica humanidad. No olvidemos que Cristo «manifiesta el hombre a todo hombre» (*Gaudium et spes* n. 22). ¿Qué ha visto Nastasia en Mishkin, un ser "despreciable" según las categorías mundanas? Vio una encarnación del bien, de la verdad, de la humildad –«la fuerza más grande que pueda existir en el mundo»–, una luz en medio de un ambiente lleno de avaricia, lujuria y egoísmo, como en el que desarrolla la trama de la novela.

Concluye Pareyson: «La confirmación de que el príncipe Mishkin es una tal personificación del bien como para constituir un símbolo de Cristo es el hecho de que pertenece tan poco a este mundo que no puede vivir en

---

[15] PAREYSON, L., p. 146.

él del mismo modo en que viven todos los demás. No es que la idea que Dostoievsky posee de la eternidad implique una devaluación de la vida terrena. Tampoco se puede decir que configure al príncipe como un asceta que se macera en una sufrida y voluntaria renuncia. Su existencia misma trasciende la del mundo, como se deduce de la fórmula escrita con grandes caracteres en la libreta de apuntes de *El idiota*: "El Príncipe - Cristo". La vida pública de Cristo ha sido breve. Él ha aparecido en el mundo por poco tiempo y muy pronto lo ha dejado para volver a la eternidad. Igualmente fugaz es la aparición del príncipe Mishkin en su "vida entre los grandes". Emergido de la oscuridad de su enfermedad él recorre una breve estación en la claridad de la conciencia, pero pronto recae en las tinieblas de la alienación, ahora de un modo incurable y definitivo: signo de no pertenecer a este mundo, en el que sin embargo ha ejercido una labor inolvidable y decisiva que manifiesta su "ciudadanía celeste"»[16].

LOS DEMONIOS. VERHOVENSKI, STRAVOGIN, KIRILLOV Y SHATOV

Dostoievsky escribe esta obra cuando estaba en el extranjero, luchando por sobrevivir a la pobreza, con ataques de epilepsia y la pasión no dominada por el juego. La trama tiene una inspiración en un hecho real: en 1869 un estudiante es asesinado en Moscú por un grupo de anarquistas, discípulos de Mijail Bakunin. Las cinco personas que participaron en el asesinato formaban una célula revolucionaria. Se suponía que toda Rusia estaba plagada

[16] Ibid., pp. 151-2.

de este tipo de células, que llevarían a cabo la revolución para acabar con la Rusia tradicional.

Todo esto aparecerá, de una manera bastante clara, en *Los demonios*. La novela transcurre en una ciudad de provincia, en un ambiente de burguesía acomodada. Uno de los personajes principales es Stepan Trofimovich Verhovenski, patético intelectual fracasado de ideas liberales y occidentalistas propias de los años 30 y 40. Un personaje secundario, Karmazinov, es una caricatura de Ivan Turgenev, novelista envidiado por Dostoievsky, porque mientras el primero podía permitirse escribir sus libros con paz y tranquilidad mientras vivía en Europa occidental, él debía hacerlo contra reloj, para entregar sus libros a los editores y saldar las deudas que lo angustiaron durante gran parte de su vida.

Las ideas liberales de estos personajes son superadas por la generación siguiente, revolucionaria, anárquica y atea. En la ciudad donde se desarrolla la historia hay una célula anarquista, bastante amorfa, que cometerá el asesinato de un ex estudiante, Shatov. Todos profesan ideas vagas sobre el futuro de Rusia, y en sus vidas se ponen de manifiesto sus mezquindades y sus egoísmos, a pesar de declamar a favor de los grandes ideales de la humanidad. Los personajes que más nos interesan son los que representan dos facetas del ateísmo: Stavrogin y Kirillov.

Stavrogin tiene unos 25 años. Su padre fue un oficial del ejército ruso, ya fallecido. Su madre, Varvara Petrovna, es un miembro de la burguesía de la ciudad, con pretensiones de intelectual. Muchas de las escenas de la novela transcurren en el salón de su casa. Stavrogin posee un carácter difícil. Ausente de su casa por muchos años —está en San Petersburgo y en el extranjero— cuando regresa a su ciudad llama la atención por su altivez, su confianza en sí mismo y su belleza. En pocas horas provocará varios escándalos –tira de la nariz de un señor respetable, besa en los labios a una mujer casada delante de su marido, muerde la oreja a un funcionario público– que le obligan a abandonar la ciudad. Pasarán cuatro años hasta su regreso. Sus buenos modales y su porte exterior hacen que la gente se olvide de sus fechorías pasadas.

El narrador, que es un personaje de la historia –es el confidente de Stepan Trofimovich–, afirma que la malicia de Stavrogin era «fría, tranquila y, si cabe decirlo, *racional*, y por ello mismo la más repelente y horrible que puede imaginarse». El ateísmo de este personaje está caracterizado por su total indiferencia ante el bien y el mal. Afirma que le puede causar el mismo placer hacer algo en beneficio de los demás como realizar una maldad. Experimenta con las personas y va sembrando el mal a su alrededor: convence a uno para que se convierta en propagador del ateísmo; a otro lo lleva por el camino del nacionalismo religioso; a un tercero lo anima a tomar una postura en la vida que lo llevará al suicidio; se casa con una mujer incapacitada por el solo placer de probar la autodenigración; viola a una niña de diez años que terminará quitándose la vida. Aparenta serenidad y dominio de sí, pero en el fondo es un desesperado: no encuentra ningún sentido a la vida, y acabará ahorcándose en la buhardilla de la casa de campo familiar.

Pareyson considera que la rebelión de Stavrogin es más radical que la de Raskolnikov. El personaje de *Crimen y castigo* se proponía transgredir una ley moral para demostrar que podía convertirse en superhombre. Pero Stavogrin «no posee un objeto preciso porque se ha situado por encima de toda ley, y no se halla ni siquiera en condiciones de distinguir entre el bien y el mal. Para él bien y mal son la misma cosa, hasta el punto que ni siquiera le es demasiado posible "transgredir" propiamente la ley del bien. Él ignora toda norma, límite o valor. Su libertad es pura arbitrariedad. No teniendo ante sí ninguna norma que violar, no posee tampoco ningún objeto que se proponga alcanzar, disolviéndose así en la indiferencia, en el tedio, en la experimentación y en el anonadamiento. Es una enorme fuerza sin empleo, destinada a destruir y a destruirse, a desencadenar el desorden y la muerte a su alrededor y a disolverse en la nada»[17].

Kirillov, por el contrario, tiene objetivos bien precisos. Es un ingeniero, que había estado en contacto con Stavrogin en el pasado, y que se traslada a la ciudad donde transcurre la historia. Según uno de los personajes, Kirillov «rechaza la moralidad misma y adopta el nuevo principio de la destrucción universal como medio para lograr fines benéficos. Pide más de cien millones de cabezas para implantar el sentido común en Europa, muchas más de las que se pidieron en el último Congreso de Paz».

Kirillov considera que la vida humana es dolor y terror. Por eso los hombres viven desdichados. Hay que superar este estado de la humanidad: «El hombre no es todavía lo que será. Habrá un hombre nuevo, feliz y orgulloso. A ese hombre le dará lo mismo vivir que no vivir; ese será el hombre nuevo. El que conquiste el dolor y el terror será por ello mismo Dios. Y el otro Dios dejará de serlo».

Estas palabras son parte de un diálogo que sostiene con el narrador. A la pregunta sobre la existencia de Dios, Kirillov contesta:

---

[17] PAREYSON, L., p. 60.

> No existe, pero es. Dios es dolor producido por el horror a la muerte. Quien conquiste el dolor y el horror llegará a ser Dios. Entonces habrá una vida nueva, un hombre nuevo, todo será nuevo... Entonces la historia se dividirá en dos partes: desde el gorila hasta la aniquilación de Dios hasta...
>
> –¿Hasta el gorila?
>
> –Hasta la transformación física de la tierra y del hombre. El hombre será Dios y se transformará físicamente, y el mundo se transformará, y se transformarán todas las cosas, y las ideas y todos los sentimientos.

Kirillov añade que «todo el que quiera la libertad suprema debe tener el atrevimiento de matarse. Quien se atreva a matarse habrá descubierto el secreto del engaño. Más allá de eso no hay libertad; ahí está todo; más allá no hay nada. Quien se atreve a matarse es un Dios».

En diálogo con Stavrogin, Kirillov anuncia el regreso de Jesucristo, pero no como el Dios-Hombre sino como el hombre-dios. Vemos aquí toda la dialéctica de la libertad de Dostoievsky. Poco antes de suicidarse, este personaje considerado medio loco por los que le conocen, explica con detenimiento la razón por la que se quita la vida:

> No me entra en la cabeza cómo un ateo que sabe que Dios no existe no se mata inmediatamente. Entender que Dios no existe y no entender con ello que te has convertido en Dios es un absurdo, pues de lo contrario te matarías. Si lo entiendes, eres un rey y ya no te matarás, sino que vivirás en plena gloria. Ahora bien, el primero que lo entienda debe matarse irremisiblemente, porque si no ¿quién empezará y lo probará? Por eso me mato yo, para empezar y probarlo. Yo todavía soy solo Dios a la fuerza, un desdichado, porque *estoy obligado* a manifestar mi voluntad. El hombre ha sido hasta ahora pobre y desdichado porque ha temido afirmar su voluntad en el

> más alto nivel y lo ha hecho solo en cosas nimias, como un chico de la escuela... Yo soy terriblemente desdichado porque temo terriblemente. El terror es la maldición del hombre... Pero afirmaré mi voluntad, estoy obligado a creer que no creo. Yo empezaré y acabaré y con ello abriré la puerta. Y salvaré a los demás. Solo eso salvará a la humanidad y la transformará físicamente en la próxima generación; porque en su estado físico actual, si no me equivoco, el hombre no puede prescindir de su Dios anterior. Durante tres años he estado buscando mi atributo divino y lo he hallado; ¡mi atributo divino es "mi real voluntad"! Esto es cuanto soy capaz de hacer para mostrar mi insumisión en el más alto nivel y mi nueva y terrible libertad. Porque es singularmente terrible. Me mato para probar mi insumisión y mi nueva y terrible libertad.

Pocas horas después de pronunciar estas palabras, Kirillov se ahorca en su triste alcoba.

El ateísmo de Kirillov es de tipo "titánico": pretende demostrar que su voluntad es omnipotente, y por eso se elimina a sí mismo. También Shatov presenta rasgos de ateísmo, aunque distintos a los vistos anteriormente. Él cree en el porvenir de Rusia, que tiene un destino providencial, como pueblo "portador de Dios". En un intenso diálogo con Stavrogin, afirma:

> –Creo en Rusia, creo en la Iglesia Ortodoxa... Creo en el cuerpo de Cristo... Creo que el nuevo advenimiento tendrá lugar en Rusia... Creo... –Shatov murmuró con frenesí.
>
> –Pero ¿en Dios?, ¿en Dios?
>
> –Creeré, creeré en Dios.

Shatov pone de manifiesto una de las características del pensamiento ideológico: tomar una parte de la realidad

–en este caso la nación y su identidad cultural– y considerarla como algo absoluto. Toda absolutización de algo relativo termina en el ateísmo, porque solo Dios es absoluto.

Kirillov y Stavogrin se suicidan, Shatov muere asesinado. Nos queda por hablar del primer personaje al que hicimos referencia: Stepan Trofimovich Verhovenski. Después de ser rechazado por su protectora –Varvara Petrovna, la madre de Stavrogin–, de ver naufragados sus proyectos de influencia en el ambiente, y de hacer el ridículo frente al público en un certamen literario, decide abandonar la ciudad. Sale sin rumbo fijo, cargado con unas pocas pertenencias. Terminará en una posada, enfermo y cuidado por una vendedora de biblias. Allí morirá, rodeado del afecto de esa mujer y de Varvara Petrovna, que al enterarse de su desaparición, sale en su busca y lo encuentra ya casi agonizante.

Varvara hace llamar a un sacerdote, que oye la confesión de Stepan, le da la comunión y lo ayuda a bien morir. Las últimas palabras del que fuera un apóstol del librepensamiento están en las antípodas de la "idea" de Kirillov:

> Dios me es necesario, porque es el único ser a quien se puede amar eternamente (...). Me es necesaria la inmortalidad porque Dios no cometerá la injusticia de apagar por completo la llama de amor por Él que ha prendido en mi corazón. ¿Y qué es más precioso que el amor? El amor es más excelso que la existencia, el amor es la corona de la existencia; ¿y cómo es posible que la existencia misma no caiga bajo su imperio? Si he llegado a amar a Dios y me gozo en mi amor, ¿es posible que Él apague mi vida y mi gozo y me devuelva de nuevo a la nada? ¡Si Dios existe, yo también soy inmortal! *Voilà ma profession de foi.*

Los demonios presenta con radicalidad la visión antropológica de Dostoievsky: la negación de Dios lleva a la destrucción del hombre. Como afirma Stepan Trofimovich antes de perder el conocimiento, «toda la ley de la existencia humana consiste en que el hombre es siempre capaz de reverenciar lo infinitamente grande. Si al hombre se le priva de lo infinitamente grande, se negará a seguir viviendo y morirá desesperado. Lo infinito y lo eterno le son tan necesarios como este pequeño planeta en que habita...».

LOS HERMANOS KARAMAZOV: EL STARETS ZÓSIMA Y ALIOSHA KARAMAZOV

La última novela larga de Dostoievsky es quizá su obra maestra. Narra la historia de la familia Karamazov. Todo gira en torno al parricidio de Fiodor Karamazov, padre de Dimitri, Iván, Aliosha y del bastardo Smerdiakov. Ya hemos anunciado que hay mucho de autobiográfico en sus páginas. El asesino material es Smerdiakov, pero el autor moral, que había deseado interiormente la muerte de su padre, es Iván. Las sospechas de culpabilidad recaen sobre Dimitri, que será juzgado y condenado. Smerdiakov se suicida, e Iván acaba su vida gravemente enfermo, asqueado del mundo y de sí mismo.

Dimitri posee una personalidad compleja, que se debate entre el bien y el mal. Se deja llevar por un carácter pasional, capaz de grandes amores y grandes odios. Gracias a su hermano Aliosha enfrenta su condena injusta como camino para su redención y la del mundo. Para Pareyson, Dimitri es «el personaje arquetípico en el que se unen los dos contrarios en antinómica polaridad, sede privilegiada de la agónica situación del hombre. Él representa esa "insólita mezcla de bien y de mal" que le hace "un espíritu hondo, 'a lo Karamazov', ancho, vasto, como nuestra amada Rusia". "Un espíritu capaz de reunir en sí todos los contrastes y de contemplar contemporáneamente los dos abismos, el que se sitúa sobre nosotros, el de los supremos ideales, y el que está debajo de nosotros, el de la más abyecta y fétida degradación"»[18]. Al final de la novela, como decíamos, se convierte. Habiendo llevado el mal hasta límites insospechados, no se desespera, sino que busca refugio en el amor de Dios:

> Señor, acéptame con todas mis faltas, no me juzgues... Déjame pasar sin tu juicio... No me juzgues, porque yo mismo me he sentenciado; no me juzgues porque yo te amo, ¡Señor! Soy vil, pero te amo; puedes mandarme al infierno, pero también allí te amaré y desde allí gritaré que te amo por los siglos de los siglos.

Iván, en cambio, entra de lleno en la galería de los ateos de Dostoievsky. Como ya nos hemos ocupado de ellos, prefiero dedicar estas páginas a dos personajes que son lo opuesto de los que viven según una libertad arbitraria: el starets Zósima y Aliosha Karamazov. Son y se comportan como auténticos hijos de Dios.

Como hemos visto, en la tradición religiosa rusa los monasterios ocupan un lugar de primer orden. Son centros de espiritualidad, donde viven monjes célibes, dedicados a la oración y a la dirección espiritual. La buena formación religiosa y el ejemplo de una vida ascética atraen a los fieles que buscan consejo, consuelo y unas palabras de esperanza.

---

[18] Ibid., p. 119.

El stárets es un monje sabio, espiritual, reconocido por sus virtudes y por su capacidad de discernimiento de las almas. Zósima ocupa un lugar bastante central en la novela. Frente a la brutalidad, ambición y lujuria de los Karamazov y de la gente que se mueve en su entorno, el ejemplo de vida y los consejos espirituales de Zósima son un bálsamo de paz, que presentan una salida llena de esperanza hacia un mundo mejor que el de Dimitri, Iván, Smerdiakov y su padre Fiodor.

Zósima entra en la historia por ser el guía espiritual de Aliosha, el más joven de los hermanos Karamazov. Ya es un anciano. Frente a un grupo de monjes de su monasterio, cuando está enfermo y a punto de morir, narra su vida, comenzando desde la infancia.

En sus primeros años, lo que marca al futuro stárets es la conversión y muerte de su hermano Markel. Era un adolescente de diecisiete años que había perdido la fe, influido por un librepensador. Le sobreviene una enfermedad muy grave que lo postra en la cama. El sufrimiento lo acerca a Dios, y se obra en él una conversión profunda, que lleva a querer a todas las criaturas –personas, animales, plantas–, a agradecer de todo corazón el milagro de la existencia, y a experimentar el misterio de la unión de todas las almas:

> La vida es un paraíso, y todos nosotros estamos en él, pero no queremos entenderlo; si lo entendiésemos, mañana mismo el mundo entero se convertiría en un paraíso.

Se sorprende que sus lacayos le sirvan, y aun admitiendo que siempre habrá señores y siervos, sostiene que todos tenemos que ser servidores de los demás. Además, todos somos culpables del mal que hay en el mundo, y todos debemos pedirnos perdón. Escuchemos a Markel, que habla con su madre:

> Todos somos realmente culpables frente a los demás, y somos responsables de todo. Yo no te lo sé explicar, pero siento que es así, y lo siento de tal manera que me hace sufrir. ¿Y cómo podíamos vivir así antes, sin saber nada de esto, enojándonos unos con otros?

Los últimos días de Markel están llenos de felicidad. Explica a su madre, antes de morir:

> Mamita, alegría mía, yo lloro de felicidad, no de dolor. Yo quiero ser culpable delante de todas las criaturas, no te lo sé explicar, pero no sé cómo hacer para amarlas más. Si soy culpable frente a todos, pero si en compensación todos me perdonan, para mí esto es el paraíso. ¿No estoy quizá ahora en el paraíso?

Antes de morir, Markel le pide a su hermano que lo sustituya en la vida. Estando postrado, no puede ir a jugar con él. Le dice a Zósima: «Vete y juega por mí». El futuro monje recordará toda su vida que su hermano le había pedido que viviera por él. Poco después de darle este encargo, Markel volará al paraíso de verdad.

Pero Zósima emprende otros caminos: vive una juventud alocada, en un ambiente de un cuerpo militar donde reina la soberbia, la arrogancia y la violencia. Después de cuatro años de servicio, reta a duelo a un oficial por un problema sentimental, sin culpa alguna por parte de este último. En la víspera del enfrentamiento le pega duramente a su ayudante. Al levantarse, a la mañana siguiente, se abren los ojos de su alma. Siente un gran remordimiento, pero no sabe por qué. Después de unos minutos se da cuenta que se había comportado vilmente con su subordinado:

> Me cubrí el rostro con las manos, me eché a la cama y comencé a sollozar. Entonces me acordé de mi hermano Markel y de sus palabras a sus siervos antes de morir: "Queridos, ¿por qué me servís? ¿Por qué me queréis? ¿Soy acaso digno de ser servido?". "Efectivamente, ¿soy acaso digno?" pensé de inmediato. "¿Qué méritos tengo para que otro hombre, hecho a imagen y semejanza de Dios como yo, me sirva?" (...). De repente se me apareció la verdad, en todo su resplandor: ¿qué estaba por hacer? Estaba por matar a un hombre bueno, inteligente, noble, que no tenía ninguna culpa.

Zósima decide pedir perdón a su ayudante: se postra a sus pies, con la frente en tierra, ante la mirada azorada del subordinado. En el duelo, deja que el oficial dispare primero. Afortunadamente el disparo no le hizo daño, y Zósima tira al aire y le pide perdón. Arrepentido de su vida pasada, decide hacerse monje. Desde ese momento vive con Dios para los demás.

Dostoievsky dedica un capítulo a los consejos espirituales que Zósima da a los monjes que lo rodean, antes de morir. Algunos de ellos son muy actuales. En primer lugar, el stárets advierte que se estigmatiza a los monjes, porque hay muchos que dan mal ejemplo. Admitiendo esta triste realidad, Zósima explica que de los buenos jamás se habla, pero la salvación de Rusia vendrá por esas almas «mansas, sedientas de soledad y de oración».

También critica la mentalidad de algunos contemporáneos, que consideran que la libertad consiste en crearse nuevas necesidades y satisfacerlas cuanto antes. Así, ricos y pobres se convierten en esclavos de unas necesidades artificiales que no responden al bien del alma. En concreto, alude a la «tiranía de las cosas».

Zósima sueña con una sociedad inspirada en las actitudes evangélicas de servicio y caridad. Aunque se mantengan las diferencias sociales, todos debemos considerarnos servidores de los demás. Y los siervos han de ser tratados no solo con respeto sino con cariño y amor: deben incorporarse a la familia como uno más.

El starets anima a los monjes a rezar por todos los que fallecen cada día, pues hay muchas almas que mueren en soledad, con angustia y tristeza. A su vez, exhorta a no tener miedo de los pecados de los hombres:

> Amad al hombre con su pecado, porque este reflejo del amor divino es el culmen del amor sobre la tierra. Amad toda la creación divina, en su conjunto y en cada granito de arena. Amad cada hoja, cada rayo de luz. Amad a los animales, amad a las plantas, amad todas las cosas. Si amas todas las cosas, descubrirás en ellas el misterio divino. Una vez que lo hayas descubierto, empezarás a conocerlo cada vez más, cada día más a fondo.

Sería muy largo transmitir por completo los consejos últimos de Zósima, en los que se evidencia el influjo de su hermano Markel. Enuncio simplemente algunos: la humildad y el amor unidos constituyen la mayor fuerza de este mundo; debemos pedir al Señor la alegría; considerémonos siempre culpables de todo el mal del mundo; si has de juzgar a un delincuente, ten en cuenta que tú también lo eres; trabaja sin descanso, sin buscar recompensa. Zósima termina su discurso con una referencia al infierno, que define como «el sufrimiento de no poder amar».

Guardini subraya cómo la conversión de Markel florece en la vida de Zósima, que a su vez se proyecta en la de su discípulo Aliosha. Comenta el filósofo alemán: «La ascensión del pueblo hacia Dios alcanza en Zósima su cima. Eleva la existencia del pueblo hasta la esfera del heroísmo cristiano. Y no solo por el simple hecho que es y vive como ellos, sino también porque el conocimiento y la doctrina hicieron de él un espíritu libre. Zósima se convierte así en el depositario de la realidad y de los valores encerrados en la consciencia cristiana de los humildes, consciencia que se formó a través de la aceptación de la existencia y de todo lo que sucede como expresión de la voluntad de Dios»[19].

Nos queda por referirnos a Aliosha, uno de los personajes más logrados del novelista ruso. Desde el inicio de la narración, Dostoievsky lo presenta como un ser muy distinto a su padre y a sus hermanos, aunque no deja de ser un Karamazov, y por lo tanto tiene que luchar contra la naturaleza pasional y sensual propia de la familia.

Aliosha dirige sus pasos al monasterio, «para liberar su alma, que se esforzaba por salir de la oscuridad de la maldad terrena para entrar en la luz del amor». Va allí también atraído por el ejemplo de Zósima. Aliosha había perdido a su madre cuando era muy pequeño, y guardaba un recuerdo de su rostro, de sus caricias, y también de sus lágrimas, consecuencia de los malos tratos que le propinaba su padre. Hombre taciturno, con profundidad interior, amaba –a pesar de su carácter reservado– a todos los hombres. No se erigía en juez de nadie –tampoco de su padre, que llevaba una vida disoluta y escandalosa–, pero

---

[19] GUARDINI, R., pp. 80-81.

interiormente se entristecía por los pecados de los hombres. Todas las personas que entraban en contacto con él lo querían. Y esto, desde que era un niño: sus compañeros lo apreciaban porque nunca se sentía ofendido, perdonaba todo, era humilde. Amaba en particular la virtud de la castidad, y por esto era objeto de burla de sus compañeros cuando entró en la adolescencia. Desprendido de los bienes materiales, casi no conocía el valor del dinero. Su padre, un degenerado, le tenía especial afecto.

Aliosha será el discípulo predilecto de Zósima. Sin embargo, el stárets anima a su discípulo a volver al mundo: debe testimoniar el amor de Dios fuera del monasterio. Esto implica para Aliosha sufrir tentaciones –a las que eran tan propensos sus familiares– y aunque parece que va a sucumbir, sale victorioso de ellas, no sin sufrimiento interior.

Guardini subraya el papel de Aliosha como emisario divino de la verdad. Siempre la tiene en sus labios, también cuando no le conviene. En varias oportunidades, intuye la realidad de una situación y la comunica sin respetos humanos. A Alexandra Ivanovna le dice que su verdadero amor es Iván y no Dimitri; con Iván mantiene una conversación clave en la novela, donde afirma claramente que Dios mismo lo envía a su hermano para comunicarle que él no mató a su padre. La misma sinceridad de vida de Aliosha produce en los demás un caer en cuenta de su maldad o inmoralidad: la pureza y transparencia de Aliosha provocan un remordimiento que lleva a descubrir la verdad –o la falta de verdad– de sus vidas.

Los hermanos Karamazov termina con un capítulo memorable. En él se narra el velorio y el funeral de Iliushka, un niño que por diversas circunstancias –ajenas a la voluntad de Aliosha– se había enfrentado con él, y que finalmente llega a ser su gran amigo. Aliosha es el punto de referencia del grupo de compañeros de Iliushka. Después de consolar como puede a los padres del niño muerto, y de participar en las ceremonias fúnebres, dirige unas palabras conmovedoras a sus jóvenes amigos. Los niños se emocionan. La novela termina con el siguiente diálogo:

> –¡Ah, mis niños, amigos queridos, no tengáis miedo de la vida! ¡Qué hermosa es la vida cuando se hace algo bello y justo!
>
> –¡Sí, sí! –aprobaron los muchachos con entusiasmo.
>
> –Karamazov, ¡nosotros te queremos! –exclamó impetuosamente una voz, quizá la de Kartasov.
>
> –¡Te queremos, te queremos! –repitieron todos los demás. A muchos les saltaban los lagrimones.
>
> –¡Un urrah por Karamazov! –gritó Kolia entusiasta.
>
> –¡Y eterna memoria al pequeño muerto! –añadió Aliosha, conmovido.
>
> –¡Eterna memoria! –repitieron otra vez los muchachos.
>
> –¡Karamazov! –gritó Kolia–. ¿Es verdad lo que dice la religión, que todos nosotros resucitaremos, y que viviremos nuevamente, y que todos nos volveremos a ver, y que volveremos a ver a Iliushka?
>
> –Sin duda resucitaremos, sin duda nos volveremos a ver, y con alegría nos contaremos todo lo que ha sucedido – respondió Aliosha, un poco sonriente y un poco estático.
>
> –¡Ah, qué bello será! –exclamó Kolia impulsivamente.
>
> –Pero ahora basta con los discursos y vayamos al almuerzo fúnebre. No os preocupéis si coméis las tortas fritas. Es una costumbre antigua, eterna, y hay algo bueno en esta costumbre –dijo Aliosha, riendo–. ¡Ánimo, vamos! Caminemos así, tomándonos de la mano.
>
> –¡Y que sea así para siempre, toda la vida tomándonos de la mano! ¡Un hurra por Karamazov! –gritó Kolia otra vez con entusiasmo, y todos los muchachos repitieron su grito.

* * *

Frente a la devastación que dejan a sus espaldas los Karamazov, se yergue la figura de Aliosha, que une, redime, purifica, alegra. El menor de los hermanos está junto a Zósima, al príncipe Mishkin, a Sonia y a otros personajes que nos acercan al Hombre-Dios, a Cristo. Iluminan con la luz de Cristo las tinieblas en las que se mueven todos los demonios de Dostoievsky.

6.
LEV TOLSTOI.
LA VIDA INFINITA
(1828-1910)

El autor de *Guerra y Paz* y *Ana Karenina* era hijo de un matrimonio noble, formado por el conde Nikolai Tolstoi y la princesa María Volkonski. Lev nació en 1828 en la propiedad rural que poseía su madre en la región de Tula, a unos trescientos kilómetros al sur de Moscú, Yasnaia Poliana. Era el cuarto de cinco hermanos. Su madre murió cuando Lev tenía solo dos años. La tía del escritor, Tatiana, que vivía con la familia, cumplió en parte el rol maternal para sus sobrinos. Los primeros años de Lev transcurrieron en la finca rural. El contacto con los campesinos, las labores del campo, las visitas de los amigos de familia, las clases de un preceptor alemán quedaron hondamente grabadas en la memoria de Tolstoi, como se lee en su novela autobiográfica *Infancia*.

En 1836 se traslada a Moscú junto a su familia. Tolstoi añora la libertad del campo. Obligado, como hijo de familia noble, a frecuentar la vida social, no se desempeña demasiado bien en bailes y recepciones, y surge en su interior un complejo por su fealdad física. Esos años moscovitas, y los que siguen en Kazan, a donde va en 1844 para estudiar en la Universidad, están retratados en sus novelas *Adolescencia* y *Juventud*.

En 1847 regresa a su amada Yasnaia Poliana, que ahora le pertenecía pues le había tocado en la herencia de su madre. Intenta llevar una vida solitaria y retirada. A los diez meses se va a San Petersburgo, donde se dedica a la diversión y a los vicios, gastando su dinero en prostitutas y juego. Los próximos años alternará el verano en el campo y los inviernos en la ciudad. En ese período de confusión existencial lee *David Copperfield*, y descubre su vocación de escritor. Al igual que Dickens, plasmará sus experiencias en las tres novelas autobiográficas a las que acabamos de referirnos.

Su hermano Nikolai le propone acompañarlo al Cáucaso, en donde había que sofocar algunas revueltas contra el zar. Lev acepta la propuesta y se enrola en el ejército. La experiencia militar incide profundamente en su alma: se le graban los paisajes imponentes de las montañas, los cielos estrellados, el aire libre, y comienza a plantearse problemas metafísicos y religiosos. Es allí cuando se lanza a la escritura. Será en el Cáucaso donde escribirá *Infancia*. En 1853 publica la continuación: *Adolescencia*. En 1854 es trasladado, por pedido suyo, a Bucarest, e inmediatamente después el ejército requiere su presencia en Crimea, donde se enfrentaban Rusia contra Francia e Inglaterra. Tolstoi estará presente en la batalla de Sebastopol, en donde las armas del zar son derrotadas. Narrará en páginas llenas de realismo los actos heroicos de los soldados que defienden la ciudad, y sus relatos son leídos hasta por el zar, aunque también son sometidos a la censura, con el consiguiente enfado del escritor.

En 1856 salen a la luz *Juventud*, *Sebastopol en agosto*, *La mañana de un terrateniente*, *La tormenta de nieve* y otros escritos breves. Al año siguiente hace un viaje por Europa occidental. Regresa a su finca rural, y trabaja con los campesinos con gran vitalidad. Desea comenzar una escuela para la gente que trabaja en Yasnaia Poliana, y para eso realiza un segundo viaje a Europa para estudiar métodos pedagógicos en Francia y Alemania. De este período son *Los cosacos* y *Albert*. Funda la deseada escuela en su pueblo, y en otras localidades vecinas. Se preocupa por las consecuencias de la reciente emancipación de los siervos –1861– y es nombrado juez de paz para arreglar las tensas relaciones entre los antiguos amos y los siervos liberados. A su vez, su finca y las escuelas por él fundadas son registradas por la policía del zar, en busca de propaganda revolucionaria. Tolstoi se indigna.

En septiembre de 1862 contrae matrimonio con Sofía Bers –también llamada Sonia–, a quien le confiesa su pasado liviano en materia de relaciones con mujeres. Los primeros años de convivencia son buenos. Entre 1862 y 1869 Tolstoi se dedica casi exclusivamente a la redacción de *Guerra y Paz*, que tendrá un gran éxito. Su mujer oficia de secretaria. Después de cuatro años de intensas lecturas, en 1873 comienza a escribir su segunda gran novela, *Ana Karenina*, que verá la luz en 1877. En esos años, evoluciona en su pensamiento, y pasa de un liberalismo humanitario a un conservadurismo cada vez más extremo.

En torno a la publicación de *Ana Karenina* se produce una crisis espiritual en Tolstoi. Había procreado diez hijos con Sofía. Tres habían muerto en plena infancia. Después llegarían tres más. Tolstoi muestra un desasosiego interior que le lleva a frecuentes enfrentamientos con su mujer y a dialogar con la tentación del suicidio. Lo salva el aferrarse a la religión. Se transforma en un seguidor radical del Evangelio: la vida es para Dios y para los demás. Hay que establecer una sociedad igualitaria, donde prevalga el amor, el perdón, la reconciliación, el sentido metafísico de la unidad del género humano. Reniega de su producción literaria anterior, que considera superficial y carente de interés. Sus ideas religiosas las explicitará, además de en sus novelas cortas y cuentos, en ensayos filosófico-religiosos, y en particular en *Una confesión* (1882). Su nueva posición estética está contenida en *¿Qué es el arte?* (1898).

Todas estas ideas, que pueden parecer dignas de alabanza, lo llevaron a distanciarse de su mujer y de gran parte de sus hijos. Yasnaia Poliana se convirtió en un centro de reflexión religiosa que se llenó de gente extraña y curiosa, y pospuso sus deberes familiares para dedicarse a sus escritos y al grupo de seguidores. Sus posiciones extremas sobre la propiedad privada, la no violencia y el rol del Estado –se puede hablar de un anarco-utopismo cristiano como esencia de la doctrina de Tolstoi de este período– fueron continua fuente de discusiones con algunos de sus hijos, que no compartían esas posiciones teóricas. Estuvo a punto de desheredar a su familia para repartir sus bienes entre los campesinos. El radicalismo que profesa en este momento se manifiesta en su *Sonata a Kreutzer* (1889), donde ataca el matrimonio como "prostitución legalizada". A su vez, sentía escrúpulos porque predicaba el desprendimiento y la pobreza, pero vivía en una casa noble, rodeado de servidores, aunque procuraba personalmente no dejarse servir.

En 1886 había publicado una de sus mejores obras, *La muerte de Ivan Illich*. En 1891 renuncia a sus derechos de autor, y deja que sus obras posteriores a 1881 sean publicadas sin su autorización. Entre otras actividades, irá en 1891 con su mujer y dos de sus hijas a la región de Riazán, donde una hambruna está causando estragos en la población. Envía proclamas a algunas revistas para dar a conocer el estado de la situación. Las autoridades políticas deciden censurar las obras de Tolstoi. Su apoyo a una secta pacifista que proclamaba el amor universal y se negaba al uso de las armas y al servicio militar –los *duhobori*– lo pone en la mira de las autoridades, que deciden exiliar a algunos de sus discípulos, pero no a él, para no convertirlo en un mártir.

Su última gran novela, *Resurrección*, se publica en 1898. Todos las ganancias de este libro las quiso dedicar a los *duhobori*, exiliados en Canadá. El Consistorio del Santo Sínodo de la Iglesia ortodoxa interpreta la novela como un ataque contra la iglesia institucional, y decide negarle los auxilios espirituales en el caso de que no mostrara señales de arrepentimiento. Durante la guerra contra el Japón (1904-1905) adopta una posición pacifista y humanitaria.

Sus últimos años están marcados por las tensiones entre su familia y sus discípulos, y en particular entre su mujer y el cabecilla de los tolstoianos, Vladimir Cherstov. La duodécima hija del matrimonio Tolstoi, Aleksandra Livovna, nos ha dejado sus memorias, tituladas *La vida con mi padre*. Esta mujer dedicó toda su existencia a acompañar al escritor, rodeándolo con su cariño y comprensión, y también haciendo de secretaria. Sasa, como era llamada en su familia, pinta un ambiente de Yasnaia Poliana cargado de tensión y desentendimientos. Echa toda la culpa de este estado de cosas a su madre, que a su vez es sostenida por la mayoría de sus hijos. Considera que Sofía fue una egoísta, que no entendió a su marido, y que sufría de serios disturbios psíquicos. Desde esta perspectiva, Tolstoi fue la víctima de una mujer posesiva, egocéntrica y desequilibrada[1]. Pero quizá contribuyeron al desequilibrio de Sofía las excentricidades del último período de Tolstoi, dedicado casi totalmente a su mundo intelectual, entre papeles y discípulos.

Todas estas circunstancias hacen comprensible que en octubre de 1910 Tolstoi abandone en secreto su casa y se dirija al monasterio de Optyna Pustyn, junto al cual vivía su hermana María. Una vez que llega allí, decide proseguir el viaje, tomando un tren hacia la lejana Novotcherkak. Pero en la estación de Astapovo debe detenerse, pues no se encuentra bien. En el viaje le acompañaron su médico y discípulo Dusan Petrovic Makovickij y su hija Sasa. Esta última, por indicación de Tolstoi, llama a Cherstov para que acuda al lecho del enfermo, pero también –por decisión propia– solicita la presencia de un hermano suyo y de un médico de confianza. La familia se entera así del estado crítico de Tolstoi, y acuden rápidamente a la estación. Cuando llegan, toda Rusia se había enterado, y el pequeño pueblo se llena de periodistas y reporteros gráficos: el escritor era un personaje casi mítico en la Rusia de aquel entonces.

Sasa y los médicos consideran que si el enfermo ve a su mujer, podría morirse en el acto, e impiden que Sofía entre en la habitación en donde se encontraba. La esposa solo podrá entrar cuando Tolstoi haya perdido el conocimiento. El gran escritor muere en la habitación cedida por el jefe de la estación de Astapovo el 7 de noviembre de 1910. Sus últimas palabras fueron «Yo amo mucho... yo amo a todos»[2].

---

[1] TOLSTAJA, A. L., *La vita con mio padre*, Castelvecchi, Roma 2014.
[2] Cfr. RÍOS, A., *Lev Tolstoi. Su vida y su obra*, Rialp, Madrid 2015.

* * *

Isaiah Berlin tiene un célebre escrito, intitulado *El erizo y la zorra*. Comienza citando uno de los fragmentos que se conservan del poeta griego Arquíloco: «Muchas cosas sabe la zorra, pero el erizo sabe una sola, y grande». La frase da pie a múltiples interpretaciones. Berlin la utiliza como criterio de clasificación de pensadores, artistas y personas humanas. Los de tipo erizo son los que poseen un principio ordenador, un elemento clave de su visión del mundo. Logran un pensamiento coherente, que explica la realidad. Las zorras son aquellas personas que ven el mundo como una diversidad de casos singulares, de excepciones. Como los zorros, van de aquí para allá pero no llegan a ordenar la complejidad caótica de la vida. Según Berlin, Dante, Platón, Hegel, Dostoievsky, Nietzsche, Proust fueron erizos; mientras que Aristóteles, Shakespeare, Montaigne, Molière, Goethe, Balzac y Joyce fueron zorras. El ensayo está dedicado al análisis de la filosofía de la historia de Tolstoi. Berlin se inclina por pensar que el escritor ruso tiene algo de erizo y algo de zorra[3].

Siguiendo en parte a Berlin, pero dejando de lado el aspecto específico de su filosofía de la historia, podemos preguntarnos: ¿cuál es el gran tema de la obra de Tolstoi, que le otorgaría unidad? Me atrevería a afirmar que es la vida. Una vida infinita, que abarca desde Dios a la naturaleza material, pero centrada en la vida humana. El escritor dejará a la posteridad una galería de personajes inolvidables –Pierre Bezujov, Natasha Rostov, Ana Karenina, Levin, Ivan Illich, por solo citar algunos–, y el lector los recuerda insertos en sus ambientes sociales y naturales,

---

[3] BERLIN, I., *El erizo y la zorra*, Península, Barcelona 2009.

entre salones, casas señoriales, isbas, y también entre bosques, campos sembrados y praderas, observados desde lo alto por un Dios que lo ve todo.

No hay duda de que lo que más interesa a Tolstoi es el análisis de la vida humana. Según el crítico Chernyshevsky, su rasgo original era la observación de los movimientos más secretos de la propia vida psíquica, para comprender la psicología de los demás. «Para Tolstoi, subjetividad significó, desde los comienzos, psicología en función de una propia comprensión de los problemas de la vida, en la doble manifestación individual y social de la misma»[4].

Erizo por su preocupación centrada en la vida; zorra porque va de aquí para allá descubriendo las mil y una manifestaciones de esa vida infinita. Sus descubrimientos se despliegan en las miles de páginas de su producción literaria. A las tres grandes novelas –*Guerra y Paz*, *Ana Karenina* y *Resurrección*– se unen casi un centenar de novelas cortas y de cuentos. Es imposible analizar toda su obra en un libro de las presentes características. Hemos escogido *Guerra y Paz* y *Ana Karenina*, y dos cuentos cortos que pertenecen al período de su radicalismo cristiano.

Guerra y Paz

Escrita en Yasnaia Poliana durante siete largos años, *Guerra y Paz* se presenta como una epopeya monumental del pueblo ruso –es la obra más larga que vamos a comentar en este libro–; como una reconstrucción novelada pero fiel a la realidad de un período histórico marcado por las guerras napoleónicas; y también como un gran mural

---

[4] Lo Gatto, E., cit., p. 339.

donde se expresan todas las dimensiones de la existencia humana, tanto las individuales como las sociales. Este último aspecto es el que convierte a esta novela en un clásico de la literatura universal. En sus páginas, Tolstoi levanta el velo que cubre las pasiones y los sentimientos del alma: el amor, el odio, el perdón, la vanidad, la crueldad, la ambición, la mezquindad, la grandeza, la locura, la sensatez, la fe religiosa, el ateísmo, la ciencia, la sabiduría popular se dan cita en *Guerra y Paz*. Los personajes interactúan a través de relaciones sociales de muy distinto género, y van siendo guiados por un destino superior que los va conduciendo hacia objetivos históricos muchas veces no buscados individualmente.

La novela transcurre entre 1805 y 1812, aunque en el Epílogo narra la historia de los principales personajes en la década sucesiva. Describe las vicisitudes de algunas familias rusas durante el período napoleónico, desde las vísperas de la batalla de Austerlitz hasta la derrota del ejército francés y su abandono del territorio ruso en 1812. Las tres familias centrales de la historia son los Rostov –integrada por los condes y los hijos Vera, Nikolai, Natasha, Petia, y la sobrina Sonia–; los Volkonski –el viejo príncipe, y sus hijos Andrej y María–; y el conde Pierre Bezujov, casado con Elen Kuragin. La novela se desarrolla en escenarios urbanos –fundamentalmente, los salones de San Petersburgo y Moscú–; en la finca rural de los Volkonski, situada cerca de Smolensk; en la de los Rostov, cerca de la antigua capital; y en los campos de batalla de media Europa, desde Moravia hasta los alrededores de Moscú.

Se ha comparado a esta obra con la *Ilíada* de Homero. Muchas son las analogías entre estos dos clásicos. Tanto Homero como Tolstoi narran la historia de un conflicto bélico. La guerra es el telón de fondo de las respectivas historias. Los campos de batalla –magistralmente narrados tanto por el griego como por el ruso– son contemplados desde lo alto por seres superiores: en el caso de Homero, por los dioses del Olimpo; en Tolstoi, por un Ser personal que gobierna la historia. Tolstoi escapa al determinismo de Homero: los actores principales toman decisiones libres, pero con frecuencia se produce la llamada "heterogénesis de fines", es decir, lo que se propone el actor individual en una acción determinada produce, en la interacción con otras millones de acciones de los demás actores individuales, un fruto no deseado, ni previsto, ni esperado.

Durante la narración de la guerra de Troya, Homero va delineando los caracteres de algunos de sus héroes: leyendo la *Ilíada* nos enteramos de las historias personales de Aquiles, Héctor, Agamenón, Paris, Elena, Ajax, Andrómaca, etc. También en *Guerra y Paz* nos metemos en las batallas que se dan en torno a las campañas napoleónicas entre 1805 y 1812, y lo hacemos de la mano del príncipe Andrej Volkonski, del conde Pierre Bezujov, de Nikolai Rostov. No faltan los análisis psicológicos de los jefes guerreros, en particular de Napoleón y del general Kutuzov.

Lo ruso

Guerra y Paz es un libro profundamente ruso y universal. Veamos en primer lugar lo específicamente ruso. En sus páginas, Tolstoi delinea la distinta idiosincrasia de San Petersburgo y Moscú. Muchos de sus personajes viajan continuamente entre las dos capitales. En San Petersburgo reina un ambiente cosmopolita, se habla continuamente en francés, se admira a Napoleón y a todo lo que venga de Occidente. En Moscú se respira un aire más cercano a la sencillez de las costumbres rurales, se es más consciente de estar en el corazón de la nación, y se despiertan con más facilidad los sentimientos patrióticos que llevarán a hacer frente a la invasión francesa. San Petersburgo también reacciona ante la invasión, pero lo hace a la distancia y de modo tibio; Rusia palpita con el corazón de una Moscú asediada, incendiada y recuperada. Como se puede advertir, en la novela se dan cita las corrientes culturales a las que aludimos en el primer capítulo –occidentalistas y eslavófilos–, aunque todavía se encuentran en una fase incipiente.

Es interesante constatar que Napoleón consideraba que Moscú era una ciudad asiática, cuyas iglesias se parecían a pagodas chinas. Al emisario del zar Alejandro, Balachov, le pregunta

> datos de la capital rusa, interrogándolo no como viajero curioso que pregunta por una población que le interesa visitar, sino como si estuviera convencido de que Balachov había de sentirse halagado por el interés.
>
> –¿Cuántos habitantes tiene Moscú? ¿Cuántas casas? ¿Es verdad que a Moscú le llaman la ciudad santa? ¿Cuántas iglesias hay? –preguntaba.
>
> Al oír que había más de doscientas, Napoleón observó:
>
> –¿Y por qué tantas iglesias?
>
> –Los rusos son muy piadosos –contestó Balachov.
>
> –Casi siempre el número de iglesias y de conventos guarda relación con el atraso del pueblo –comentó Napoleón.
>
> Balachov se permitió decir respetuosamente que no compartía el criterio del emperador francés.

También es profundamente rusa la pintura que hace Tolstoi de los distintos grupos sociales: la nobleza palaciega de San Petersburgo, frívola y en torno a la corte; la nobleza rural representada por los Rostov y en parte por los Volkonski; los siervos que pueblan los palacios de las dos ciudades, habitualmente sumisos y unidos por lazos de afecto a sus señores; los siervos de las aldeas rurales, sumidos en la ignorancia y con una actitud de resignación ante las limitaciones de su condición.

El espíritu ruso, compartido por todas las clases sociales, vibra en una escena llena de encanto que se lee a mitad de la novela. Nikolai, Natasha y Petia Rostov van a visitar a su tío en su finca en el campo, después de una cacería. Acabada la comida, el grupo se dirige a un salón donde suena una balalaika que interpreta canciones populares. Natasha, noble, no tiene ningún inconveniente en ponerse a bailar con los siervos de su tío, y lo hace de modo admirable. Se pregunta Tolstoi:

> ¿Dónde, cuándo, cómo se había formado en ella el espíritu ruso que respiraba aquella joven condesa, educada por una emigrada francesa? ¿Dónde había aprendido aquellos rasgos que parecía que habrían debido estar borrados desde hacía muchos años? El miedo que se había apoderado de Nikolai y de todos los presentes –el miedo a que no hiciese lo que era pertinente– se desvaneció al instante y la admiraron sin reservas. Hizo Natasha precisamente lo que era de rigor, y lo hizo con tanta perfección, que Anisia Fëdorovna, que vino a traerle el fichú para el baile, soltó lágrimas de tanto reírse, al ver a aquella condesita tan graciosa y que pese a ser educada entre sedas y terciopelos, sabía comprender lo que había en ella, en Anisia, en su padre y en su tío, y en su madre, y en toda alma rusa.

El alma de la nación está en su música, en sus bailes, pero también en el poder político tradicional. Tolstoi presenta la autocracia del zar de modo benévolo. Alejandro I es todavía joven, bien parecido, y su persona levanta el entusiasmo de todos, tanto de los nobles como del pueblo bajo. Nikolai Rostov, en particular, prueba sentimientos de veneración casi religiosa por su figura. Los ejércitos de Rusia y de Austria se encuentran en las cercanías de Olmütz. Alejandro está a punto de pasar revista a sus tropas.

> Rostov, situado en primera fila en el ejército de Kutuzov, la primera también al paso del emperador, experimentó, como todos los demás ese sentimiento colectivo de olvido de sí mismo, de orgullosa conciencia de su fuerza y de apasionado entusiasmo hacia el héroe de aquella solemnidad. Pensaba que bastaría una sola palabra de aquel hombre para que toda aquella masa y él mismo, ínfimo átomo, se precipitaran en el fuego y en el agua, dispuestos a cometer crímenes y actos heroicos, y sentíase estremecer y casi desfallecer ante la presencia de aquel que personificaba aquella palabra (...). Rostov, que estaba a poca distancia de las trompetas, no apartaba los ojos de su soberano y cuando estuvo a veinte pasos de él y pudo distinguir sus juveniles y bondadosos rasgos, experimentó un sentimiento de ternura y de entusiasmo que hasta aquel momento le era desconocido. Todo en el emperador le parecía admirable.

Lo mismo sucede con el pueblo. Con ocasión de una visita a Moscú del zar, la gente se aglomera en la Plaza Roja para verlo pasar. Se oyen aclamaciones entusiastas:

> –¡Ángel...! ¡Hurra! ¡Padre...! ¡Hurra! –gritaba la multitud delirante.

La religiosidad del pueblo está presente en muchas páginas de la novela. Emociona de modo particular la ceremonia religiosa que tiene lugar en el campamento ruso antes de la batalla de Borodino. Vale la pena transcribirla por completo:

> La procesión, que había salido de la iglesia, bajaba por las pendientes de la colina de Borodino. Delante, por la carretera polvorienta, marchaba ligera la infantería. Todos los soldados llevaban la cabeza descubierta y los fusiles a la funerala. Detrás de la infantería oíanse los cantos de los sacerdotes. Los soldados y los milicianos corrieron descubiertos y pasaron por delante de Pierre.
>
> –¡Es nuestra Santa Madre de Dios! ¡Nuestra protectora...! ¡Iberskaia...!
>
> –¡Es nuestra Santa Madre de Dios de Smolensk! –corrigió otro de los soldados.
>
> Los milicianos, tanto los que estaban en el pueblo como los que trabajaban en la batería, dejaron las palas y los picos y se dirigieron presurosamente a la procesión. Detrás del batallón que seguía avanzando por la carretera llena de polvo, iban los sacerdotes con sus casullas. Uno era viejo y llevaba el hábito, y lo acompañaban los monaguillos y los chantres. Detrás de ellos, algunos soldados y oficiales llevaba a cuestas una gran imagen con la cara morena y muy adornada. Era la imagen que se habían llevado de Smolensk y que desde entonces seguía al ejército. Una multitud de militares iba, venía y corría alrededor de la imagen, haciéndole profundas reverencias.
>
> En la cumbre de la colina, la imagen se detuvo. Los hombres que la llevaban la dejaron encima de una tela y fueron sustituidos por otros. Los diáconos encendieron otra vez los incensarios y dieron comienzo a la ceremonia de gracias. Los rayos calientes del sol caían perpendicularmente. Un vientecillo fresco agitaba los cabellos de las cabezas descubiertas y jugueteaba con las cintas de los lazos que adornaban la imagen. Los cantos, bajo el cielo abierto, no parecían tan fuertes. Una multitud enorme de oficiales,

de soldados y de milicianos rodeaban a la imagen. Detrás de los sacerdotes, en un espacio vacío, se hallaban el diácono y los dignatarios. Un general calvo, condecorado con la cruz de San Jorge, permanecía de pie detrás del sacerdote y sin persignarse esperaba pacientemente el fin de la ceremonia que sin duda escuchaba para excitar el patriotismo del pueblo ruso. Otro general, en actitud marcial, movía la mano a la altura de su pecho y miraba a su alrededor. Entre aquel grupo de dignatarios, Pierre, que se hallaba mezclado entre los campesinos, reconoció a algunos amigos suyos, pero no los miró porque toda su atención estaba concentrada en la expresión grave de aquellos rostros que miraba la imagen con avidez. Tan pronto el diácono, que estaba fatigado porque era la vigésima vez que entonaba los salmos de aquella ceremonia, empezó a cantar perezosamente: "¡Santa Madre de Dios, salvad a vuestros esclavos de la desgracia!" y el sacerdote entonó: "Venimos a Ti para que nos defiendas como detrás de un muro infranqueable", la misma expresión, la conciencia de la solemnidad del momento, se diseminó otra vez por todos los rostros y las cabezas se inclinaron aún más profundamente, los cabellos se agitaron impelidos por el viento y se percibieron suspiros y el rumor del roce de las manos haciendo la señal de la cruz sobre el pecho.

De repente, la multitud que rodeaba a la imagen se apartó y alguien, probablemente un personaje importante, a juzgar por la prisa con que los presentes le hacían sitio, empujó a Pierre y se acercó a la imagen.

Era Kutuzov que inspeccionaba la posición. Al entrar en Tatarinovo se había acercado para asistir a la ceremonia de acción de gracias. Pierre reconoció en seguida a Kutuzov por la figura particular, distinta de todas las demás. Su cuerpo enorme, con un largo levitón, cargado de espaldas, la cabeza blanca descubierta y un ojo vacío, no podían confundirse con ningún otro. Kutuzov, con su manera de andar cansina y vacilante, penetró en el círculo y se detuvo

> delante del sacerdote. Se persignó con un movimiento maquinal, tocó el suelo con la mano y, suspirando profundamente, inclinó la cabeza cana. Bennigsen y el séquito venían detrás de él. A pesar de la presencia del generalísimo, que atraía la atención de los oficiales superiores, los soldados y los milicianos continuaron rezando sin mirarlo.
>
> Cuando acabó la ceremonia, Kutuzov se acercó a la imagen, se arrodilló pesantemente, haciendo una gran reverencia, y tuvo luego que hacer un gran esfuerzo para poder levantarse, pues se lo impedía su obesidad. Por fin lo consiguió, con todo el semblante congestionado por el esfuerzo y, con una expresión infantil e inocente, fue a besar a la imagen y volvió a saludar con la mano hasta tocar el suelo. Los generales siguieron su ejemplo y lo mismo hicieron los oficiales. Después de ellos, empujándose los unos a los otros, resoplando fuertemente con la cara congestionada y llenos de emoción, los soldados y los milicianos se acercaron, a su vez, a la imagen sagrada.

Todo esto es esencialmente ruso y ortodoxo, como los peregrinos que van de santuario en santuario, y que pasan por la casa señorial de los Volkonski, donde la princesa María los recibe casi a escondidas. Y Platón Karataev, el compañero de infortunio de Pierre Bezujov después del incendio de Moscú, con su piedad sencilla y su confianza filial en la providencia, es para el conde «la personificación más completa de todo lo que es verdaderamente ruso, bueno y honesto».

Lo universal

Estos elementos se encuentran enmarcados en una filosofía de la historia –que Tolstoi pretende universal–, y en una antropología o visión del hombre que nos habla no solo del ser ruso sino del ser persona humana.

Tolstoi desarrolla su filosofía de la historia en numerosos capítulos teóricos, tomando pie de los acontecimientos bélicos y criticando a los historiadores que han escrito sobre los episodios descritos. El sentido de la historia no lo dan las decisiones de los grandes hombres –Napoleón, Alejandro, Kutuzov, etc.–, sino que todo lo dirige un Dios providente, que cuenta con todas las acciones, incluso las mínimas, de todos los hombres, para conducirlas hacia el fin establecido. Sobre la superficie de la tierra se elaboran planes, se proyectan estrategias, se hacen previsiones, pero la historia sigue su curso a pesar de los proyectos humanos. Ni Austerlitz, ni Borodino o el incendio de Moscú fueron programados por los grandes o pequeños hombres. Tenía que haber sucedido lo que sucedió.

> Cada hombre vive por sí mismo, disfruta de la libertad para lograr este objetivo personal y siente en su propio ser una voz que le dice lo que puede hacer y lo que no puede hacer. Sin embargo, tan pronto como hace una cosa, se encuentra con que ya es irreparable y que la historia se incauta de ella. Ya no es una acción libre, sino una acción predestinada.
>
> En la existencia de cada hombre hay dos aspectos: la vida personal, que es tanto más libre cuanto más abstractos son sus intereses, y la vida general, social, en la que el hombre obedece inevitablemente las leyes que le han sido prescritas. El hombre vive conscientemente por sí mismo, pero sirve de instrumento inconsciente a los fines históricos de la humanidad. El acto realizado es irreparable y al concordar al mismo tiempo con millones de actos realizados por otros hombre, adquiere importancia histórica.

Además de las leyes del movimiento histórico, el escritor ruso subraya la existencia de una ley natural, que establece el bien y el mal, que se debe seguir para llevar adelante una existencia plena. La "grandeza" humana no es la de las grandes hazañas, sino que reside en la rectitud moral. ¿Puede llamarse grande a Napoleón? Tolstoi nos da una respuesta contundente. Señala que algunos historiadores perdonan todo a Napoleón por el hecho de ser "grande":

> Cuando carecen de argumentos para justificar una acción contraria a cuanto la humanidad reconoce como bueno y justo, ¡ah!, entonces evocan con tonos solemnes la noción de la grandeza, como si pudiera excluir la noción del bien y del mal. Si fuera posible compartir sus puntos de vista, nada malo habría en las acciones de quien es *grande* y ninguna atrocidad podría serle atribuida. *¡Es grande!*, dicen los historiadores y eso les basta. El bien y el mal no existen para ellos. Solo cuenta "lo que es grande y lo que no lo es" y "lo grande" es para ellos el atributo esencial de ciertos personajes a los que dan el título de héroe. El propio Napoleón, que, arrebujado en una magnífica pelliza, se marchaba abandonando a cuantos entraron en Rusia con él, se califica a sí mismo de "grande".
>
> Y entre todos cuantos, desde hace cincuenta años, le llaman Napoleón el Grande, no hay ni siquiera uno que comprenda que admitir "la grandeza" al margen de las leyes eternas del bien y del mal equivale a reconocer su inferioridad y su pequeñez moral. A nuestro sentir, la medida del bien y del mal dada por Cristo debe aplicarse a todas las acciones humanas. No puede haber "grandeza" donde no existen sencillez, ni bondad, ni verdad.

Esta "grandeza moral" es algo que se debe adquirir con la lucha interior por adquirir virtudes y forjar el carácter. Uno de los méritos más evidentes de *Guerra y Paz* es la transformación espiritual que experimentan algunos personajes a lo largo de la narración. Los casos más característicos son los de Andrej Volkonski y Pierre Bezujov.

Tolstoi presenta a Andrej como un militar de prominente futuro, hijo del príncipe Volkonski. Está casado con Liza, quien está esperando un hijo. Las relaciones entre marido y mujer son más bien frías, por el carácter adusto de Andrej. Lleva a su esposa a la mansión paterna, mientras él se une al ejército ruso que, aliado con el ejército austriaco, está enfrentándose a Napoleón. Lleva una vida desahogada desde el punto de vista económico. Sus aspiraciones se centran en sí mismo: ir subiendo en la jerarquía militar, ganarse la confianza de sus superiores y desempeñar un papel brillante en la sociedad.

En la batalla de Austerlitz es herido. Cae al suelo. Cuando recupera el conocimiento y abre los ojos contempla un cielo azul esplendoroso y capta de un modo interior algo profundo en la creación:

> ¡Qué serenidad! ¡Qué paz! –decíase– (...). ¿Cómo no me había dado cuenta antes de esa profundidad sin límites? ¡Qué feliz soy de haberla, por fin, observado!... Sí, excepto esto, todo es vacío y decepción. No existe sino la serenidad y el reposo. ¡Loado sea Dios!

Esta experiencia de lo ilimitado le hace tomar conciencia de la poquedad de las cosas de este mundo. El mismo Napoleón –en un tiempo admirado por Andrej– le dirige unas palabras después de la batalla, pues el príncipe había sido hecho prisionero.

> Sin embargo, no lograron despertarle ningún interés y en seguida las olvidó. Su cabeza ardía. A medida que iba perdiendo sangre sentía debilitársele sus fuerzas y no veía más

> que aquel cielo lejano y eterno. Había reconocido a Napoleón, su héroe, pero en aquel momento, ¡qué pequeño e insignificante le parecía aquel hombre en comparación con lo que pasaba entre su alma y aquel cielo sin límites!

Cuando regresa a la casa paterna, su mujer está dando a luz a su hijo. Desgraciadamente, muere en el parto. Andrej no comprende el sentido del dolor que le atenaza, y se le vuelve a cerrar el horizonte. Escucha escépticamente las palabras de consuelo de su hermana María, mujer profundamente creyente e identificada con un Cristo paciente que permite el sufrimiento para nuestro bien. La vida de Andrej torna a reconcentrarse sobre sí misma: se conforma con no hacer mal a los demás, pero sigue sin encontrar una razón profunda para vivir una vida llena de sentido.

El amor que nace en su corazón por Natasha Rostov le devuelve la esperanza y la alegría. Su padre –un viejo de carácter imposible– se opone a las bodas, pues considera que Natasha no es un partido a la altura de la posición social de los Volkonski. Se decide que Andrej regrese al ejército, que se encuentra en preparativos bélicos, y que se espere un año para concretar el casamiento. Durante su ausencia, Andrej se entera de una fugaz historia de amor que tuvo Natasha con Anatoli Kuragin –un joven frívolo, irresponsable y egoísta, cuñado de Pierre–. Natasha rompe con Andrej. Otra vez desaparece de su horizonte el sentido de la vida: se dedica con todas sus fuerzas a sus funciones militares, que lo absorben completamente, para no pensar en sus sufrimientos. A su vez, busca a Kuragin para vengarse.

En la batalla de Borodino es herido gravemente. Lo llevan a un hospital de campaña, mientras se desangra. El dolor y la cercanía de la muerte cambian el alma de

Andrej. Junto a él yace un herido que grita desesperadamente de dolor: era nada menos que Anatoli Kuragin.

> "Sí, es él... Este hombre está unido a mí por algo muy íntimo y muy doloroso –pensó el príncipe Andrej–. Pero, ¿cuál es el lazo que une a este hombre con mi infancia y con mi vida?". Por más que reflexionaba, no podía encontrar la respuesta. Y de repente, un recuerdo nuevo, inesperado, puro y amoroso, de la época de su niñez, acudió a la mente del príncipe. Recordaba a Natasha, tal como la había visto en el baile de 1810, con su cuello esbelto y delicado, sus brazos torneados, su cara resplandeciente y asustada, dispuesta al entusiasmo, y su amor y su ternura por ella renacieron con más fuerza que nunca en su alma. Esto le hizo recordar el lazo que existía entre él y aquel hombre que, a través de las lágrimas que velaban sus ojos, le miraba extraviadamente. El príncipe Andrej se acordó de todo, y un sentimiento de piedad y de ternura hacia aquel hombre invadió su corazón.
>
> No pudo contenerse más y lloró por los demás y por él mismo, por los errores de los otros y por los suyos.
>
> –¡La misericordia, el amor al prójimo, el amor a los que nos aman, el amor a los que nos odian! –murmuró entre dientes–. Debemos ser misericordiosos incluso con nuestros enemigos. Este es el amor que Dios predicó entre los hombres, el amor que me aconsejaba la princesa María y que yo no sabía comprender. Es por esto por lo que siento morir. Si viviera, amaría a todos mis enemigos, pero ahora ya es demasiado tarde. ¡Ya lo sé!

Andrej no morirá en el hospital. Logra llegar a Moscú, y de allí lo llevan a una casa de campo de propiedad de los Rostov, donde vuelve a encontrarse con Natasha y también con su hermana María. Los días de agonía confirman a Andrej en su conversión interior. Se pregunta si la muerte es un despertar: «Este pensamiento cruzó por su mente como un meteoro, y una punta del velo que le ocultaba aún lo desconocido se levantó en su alma. Sintió que su cuerpo se había librado de los lazos que le ligaban a la tierra y experimentó un misterioso bienestar que ya no lo abandonó». Pide un Evangelio, se confiesa, comulga y expira rodeado del afecto y el dolor de Natasha, de su hermana María y de su hijo. Otra vez se abría para Andrej ese cielo sin límites que le había proporcionado paz y serenidad en Austerlitz.

Pierre Bezujov es quien experimenta un cambio más radical. Tolstoi nos lo presenta al comienza de la novela como un hombre de aspecto desarreglado, alto, obeso, con aire distraído. Es hijo natural de un conde inmensamente rico que está a punto de morir. El viejo conde deja toda su herencia a Pierre. De ideas afrancesadas y admirador de Napoleón, lleva una vida social superficial. Aficionado al alcohol y a las mujeres, produce escándalos en San Petersburgo, participando en orgías y francachelas de mal gusto.

A pesar de su superficialidad en las relaciones sociales, está continuamente preguntándose sobre el sentido de su vida. No encuentra respuestas, y se aburre terriblemente. Se casa con Elene Kuragin –una de las damas más bellas y frívolas de los salones petroburgueses–, pero el matrimonio no funciona. Es evidente que ella se casó por interés, y además, engaña a su marido. Bezujov reta a duelo al amante de su mujer, se separa de ella, y cae en una crisis espiritual profunda, de la que saldrá cuando entra en contacto con una secta masónica. La afirmación de la existencia de un Ser Supremo, Gran Arquitecto del Universo, y las leyes morales que deben regir la conducta de los hombres, le proporcionan luz y una cierta paz interior, aunque le molestan las faltas de coherencia de vida de algunos masones.

Pierre va dulcificando su carácter, y se convierte en consejero de personas necesitadas de ayuda, como Natasha Rostov después de su aventura con su cuñado Anatoli. También aconseja a Andrej. Cuando la guerra contra los franceses se intensifica, colabora pagando un regimiento de milicianos. Él mismo decide ir al campo de batalla. Participará en la batalla de Borodino, aunque más que una ayuda su presencia es un estorbo para las maniobras de los soldados en pleno fragor de la lucha. Se conmueve ante el dolor de tantas personas anónimas. A su vez, va adquiriendo más libertad interior, pues ha dejado atrás muchas cosas superfluas –comodidades, placeres, riquezas– y se siente más liviano, profundizando en lo esencial.

Regresa a Moscú y está presente en la ciudad cuando entran los franceses. Tiene la obsesión de matar a Napoleón –a quien tanto admiraba unos años antes–, y lo justifica por algunas lecturas apocalípticas hechas en clave masónica, que indican que el emperador francés es el Anticristo. Acusado falsamente de ser uno de los incendiarios de Moscú, es encerrado en prisión. Allí tiene como compañero de presidio a Platón Karataev, hombre lleno de bondad y de sabiduría popular. Pierre se conmueve ante la fe sencilla de Platón, quien le narra su historia:

> También yo fui propietario, poseíamos muchas tierras y, a Dios gracias, nosotros y los campesinos vivíamos holgadamente. El trigo rendía siete por uno, éramos felices y vivíamos como cristianos; pero he aquí que un día...
>
> Y Platón Karataev refirió cómo, por haber cortado leña en un bosque vecino, fue descubierto por el guardabosque,

había sido abofeteado, y que después de juzgarle le enrolaron en el ejército.

–Pues bien, querido –prosiguió, sonriendo–, yo creía que aquello era una desgracia y ha sido una suerte que nos ha sobrevenido. Si yo no hubiera cometido aquella falta hubiera sido mi hermano el que se habría visto obligado a partir dejando detrás de él a cinco hijos. En cambio, yo no dejé más que a mi mujer... Tenía una hijita, pero el buen Dios la llamó a Sí. Fui a mi casa con permiso y, ¿qué voy a decirte? Viven mejor que antes, porque hay menos bocas que alimentar. Las mujeres estaban en casa, y los dos hermanos habían salido de viaje. Solo se quedó Mijail, el pequeño... Y mi padre me dijo: "Para mí, mis hijos son todos iguales. Cualquier dedo que uno muerda, el dolor es el mismo. Si no se hubiera marchado Platón le hubiese tocado a Mijail". Entonces nos reunió a todos ante las imágenes: "Mijail –dijo–, ven acá, inclínate hasta el suelo ante Él y también tú, mujer, y vosotros, mis nietecitos...". ¿Me has comprendido?... Y así es, amigo mío. Es el azar quien escoge y nosotros juzgamos y nos quejamos... Nuestra felicidad, amigo mío, es como el agua en las redes del pescador: tiras de ellas y parecen llenas; las sacas y nada encuentras. –Hubo unos instantes de silencio, y luego Platón se levantó–. ¿Acaso quieres dormir? –Y comenzó a persignarse rápidamente, murmurando–: ¡Señor mío Jesucristo, san Nicolás, Floro y Laura, apiadaos de nosotros!

Se inclinó hasta que la cabeza tocó el suelo, se levantó, exhaló un suspiro, se acostó sobre la paja y se cubrió con un capote.

–¿Qué oración es esta que acabas de decir?

–¿Qué? –murmuró Platón, que estaba ya adormilado–. He rezado, eso es todo... ¿Acaso tú no rezas?

–Sí, también rezo, pero, ¿qué estabas diciendo de Floro y de Laura?

—¡Cómo! ¿No sabes, por ventura, que son los santos patronos de los caballos? No hay que olvidarse nunca de los animales. Ahí tienes a ese bribón que ha venido a abrigarse y calentarse aquí —añadió, pasando la mano sobre el lomo del perro que se había apelotonado a sus pies.

Luego se volvió y acabó por dormirse.

Fuera, en la lejanía, oíanse gritos de dolor y de angustia y por la hendidura de las planchas y los aleros mal ajustados se filtraba la luz siniestra del incendio. En el interior de la barraca todo estaba oscuro y tranquilo. Pierre tardó mucho tiempo en conciliar el sueño. Con los ojos abiertos de par en par en medio de las tinieblas, escuchaba maquinalmente los sonoros ronquidos de Platón y sentía que el mundo de creencias que se había desmoronado en su alma renacía más bello que nunca y descansaba sobre bases que en lo sucesivo habrían de ser inconmovibles.

Los dos prisioneros serán obligados a acompañar al ejército francés en su repliegue hacia Occidente. Sufren muchas privaciones, y Platón no sobrevivirá al esfuerzo. Extenuado, se sienta bajo un árbol. Dos soldados franceses le disparan dos tiros y muere. Pierre resiste, pero sobre todo cuenta con una luz interior que antes no tenía. Cuando es liberado, ya de regreso a Moscú, se da cuenta de su cambio interior.

No se había desprendido de uno de sus antiguos hábitos y a veces se preguntaba: "¿Qué voy a hacer ahora?". Y se contestaba a sí mismo: "Nada, viviré. ¡Qué bueno es vivir!". No perseguía en la vida ningún objetivo, y esa indiferencia que antaño tanto le atormentaba le procuraba en aquellos momentos la sensación de una libertad ilimitada. ¿Por qué perseguir un objetivo ahora que poseía la fe, no la fe en ciertas reglas y en ciertas ideas convencionales, sino la fe

> en un Dios vivo y siempre presente? En otros tiempos lo había buscado en las misiones que a sí mismo se imponía, y, de pronto, cuando estuvo prisionero, descubrió, no a fuerza de razonamientos, sino por una especie de revelación íntima, que existía un Dios, un Dios que estaba presente en todas partes, y que el Dios de Karataev era más grande y mucho más inaccesible a la inteligencia humana que el "gran Arquitecto del Universo" reconocido por los francmasones. ¿No era semejante a quien busca a lo lejos el objeto que tiene a sus pies? ¿No había pasado toda su vida mirando en el vacío por encima de la cabeza de los demás, cuando no tenía más que mirar frente a sí? Antaño nada le revelaba el Infinito. Sentía solamente que debía existir en alguna parte y se obstinaba en descubrirlo. Todo cuanto le rodeaba era, a su juicio, una mezcla confusa de intereses limitados, mezquinos, carentes de sentido, tales como la vida europea, la política, la francmasonería y la filosofía. Ahora comprendía el Infinito, lo veía por doquier y admiraba, sin restricciones, el cuadro eternamente cambiante, eternamente grande, de la vida en sus variaciones. La terrible pregunta que antaño destruía todos sus razonamientos espirituales: "¿Por qué?", no existía ya para él, pues su alma le respondía simplemente que hay un Dios sin cuya voluntad no cae ni un cabello de la cabeza del hombre.

En el Epílogo de la novela Tolstoi cuenta la vida feliz de Pierre Bézujov, quien después de enviudar se casa con Natasha y es padre de varios hijos, y sus actividades políticas preparan la revolución de los decembristas de 1825.

Si en *Guerra y Paz* hay evolución espiritual en muchos de sus personajes, también se observan cambios en el actuar grupal. Las opiniones de los salones nobles de San Petersburgo van cambiando al ritmo de la diplomacia internacional y de las batallas: hoy es alabado quien mañana será denostado. Los grupos de soldados que se divierten alegremente en los campamentos, demuestran arrojo y heroísmo en medio del estruendo de los cañones. La actitud de odio ante el enemigo se transforma en compasión y misericordia cuando se observan a los grupos de prisioneros heridos, mutilados, moribundos.

Tolstoi describe de una forma muy viva el cambio que experimentan los soldados franceses después de entrar en Moscú:

> A pesar de que tenían hambre y de que todos los destacamentos estaban incompletos, los soldados franceses se comportaron ordenadamente durante su entrada e instalación en Moscú. Era un ejército fatigado, roto, pero temible todavía y preparado para el combate. Dejó de ser un ejército en el momento en el que los soldados se dispersaron por las casas vacías y llenas de riquezas, el ejército desapareció para siempre. No fueron ni soldados ni ciudadanos, sino una cosa intermedia que podríamos denominar rapiñadores. Cuando, cinco semanas después, aquellos mismos hombres salían de Moscú ya no formaban un ejército, sino una banda de malhechores, cada uno de los cuales se llevaba lo que les parecía de más valor. El objetivo de cada uno de ellos ya no consistía, como antes, en conquistar, sino en conservar lo que había cogido... Como el mono que ha metido la mano en un vaso estrecho de donde ha cogido un puñado de nueces, no quiere abrir la mano para que no le caigan las nueces y eso es lo que le pierde: los franceses, al salir de Moscú, habían de morir fatalmente porque arrastraban con ellos todo lo que habían robado. Pero a ellos les era imposible abandonar su botín como al mono abrir las manos llena de nueces.

* * *

Escribe Lo Gatto: «La filosofía de la novela es la glorificación de la naturaleza y de la vida contra los sofismas de la razón y de la civilización. Es la rendición del Tolstoi racionalista a las fuerzas irracionales de la existencia. Esto está subrayado en los capítulos teóricos, y simbolizado en el último volumen con la figura de Karataev. Es una filosofía profundamente optimista porque nace de la confianza en las fuerzas ciegas de la vida, de la creencia profunda que lo mejor que uno puede hacer es no elegir, sino confiar en la bondad de las cosas. El pasivo y determinista Kutuzov encarna la filosofía de la sabia pasividad opuesta a la mezquina ambición de Napoleón. Este optimismo filosófico se refleja en el tono idílico de la narración. A pesar de los horrores –que no se ocultan bajo ningún velo– de la guerra, de la ineptitud –continuamente desenmascarada– de la civilización sofisticada y fútil, el mensaje general de *Guerra y Paz* es un mensaje de belleza y de satisfacción por este mundo tan bello. Son solo las sofisticaciones de la razón consciente lo que arruina el mundo»[5].

Ana Karenina

En una frase redonda, el filósofo Hegel afirmó que la novela moderna es "la epopeya burguesa". Sus protagonistas no son héroes clásicos o caballeros medievales: son personas comunes, que llevan adelante existencias más o menos normales. Los escritores los presentan en su vida ordinaria, la de todos los días.

Si la definición hegeliana encaja en muchas de las novelas rusas del siglo XIX, le viene como anillo al dedo a

[5] Mirskij, D.S., cit., p. 280

Ana Karenina. En sus páginas vamos siguiendo las vicisitudes de tres familias, que desarrollan sus vidas entre Moscú y San Petersburgo, entre el campo y la ciudad, entre oficinas, cafés, habitaciones hogareñas y salones de bailes. Es verdad que la mayoría de los personajes pertenecen a la nobleza o a la alta burguesía, pero son personas de carne y hueso, algunos con profesiones bien conocidas, otros con limitaciones económicas crónicas, todos con problemas habituales.

Como sucedía en *Guerra y Paz*, en *Ana Karenina* Tolstoi aborda un gran número de temas: la frivolidad y la esterilidad de la alta sociedad; los cambios sociales que se experimentan en el campesinado; las nuevas teorías económicas; el eterno debate entre el cosmopolitismo urbano y la placidez de la vida rural; la tensión entre la tradición y el progreso; los prejuicios machistas; etc. De todas maneras, parece sensato dar una importancia central al tema del amor y del matrimonio.

Las tres familias protagonistas de la novela son los Karenin –el matrimonio fallido entre Alexei Alexandrovich Karenin y Ana Arkadievna Oblonskaia–; la familia formada por el matrimonio entre Stephan Arkadievich Oblonski (hermano de Ana) y Dolly, con numerosos hijos; y la nueva familia que se forma a partir del matrimonio entre Konstantin Dimitrich Levin y Kitty (hermana de Dolly). Steiner ha señalado que el tema principal de *Ana Karenina* es el problema del matrimonio en la edad moderna[6]. Efectivamente, es fácil identificar en estos tres matrimonios situaciones muy diferentes: el primero es la historia de un triste fracaso, que termina con la separación, el adulterio y el suicidio de Ana; el segundo matrimonio se mantiene

[6] G. STEINER, *Tolstoi o Dostoievski*, Siruela, Madrid 2002, p. 71.

por amor a los hijos: Dolly soporta estoicamente las infidelidades de su marido, hombre superficial y egoísta, aunque de buenos sentimientos pero carente de fuerza de voluntad; Levin y Kitty se aman sinceramente, se entregan el uno al otro, y ponen las bases para formar una familia feliz dentro de las limitaciones de esta tierra.

La novela comienza con una frase rotunda: «Todas las familias dichosas se parecen, y las desgraciadas, lo son cada una a su manera». Vamos a presentar en las siguientes páginas las dos figuras centrales de la novela: Ana y Levin. La primera representa a la familia desgraciada; la segunda, a la dichosa.

Ana Arkadievna está casada con Alexei Alexandrovich Karenin, veinte años mayor que ella. Tienen un hijo al que su madre ama tiernamente, Seriosha. El señor Karenin es un funcionario público, que cumple rigurosamente con sus obligaciones. Está muy pendiente del qué dirán y guarda todas las normas de buen trato social. Educa severamente a su hijo, y es fiel a su mujer, a quien admira, pero no logra manifestar sus sentimientos.

Ana es pura vida. Es una de las figuras más importantes de la alta sociedad de San Petersburgo. Su marido la aburre. Lo encuentra frío, formal, sin esa vida que a ella le sale por los poros. En un viaje a Moscú conoce al conde Alexei Kirilovich Vronski, capitán de la caballería imperial. El primer encuentro, en la estación de tren, deja en Vronski un marca indeleble:

> Vronski siguió al revisor. Se detuvo a la entrada del compartimiento para dejar salir a una señora, que su intuición de hombre de mundo le hizo percibir, a la primera ojeada, que pertenecía a la alta sociedad. Tras una palabra de disculpa,

> iba a seguir su camino cuando se volvió de repente por no poder resistir el deseo de mirarla otra vez. Sentíase atraído, no por la belleza, aunque muy notable, de la dama, sino por la inefable expresión de dulzura de su lindo rostro. Por un instante, sus ojos pardos y brillantes, que hacían parecer más oscuras las espesas cejas, le miraron con simpatía, y luego su dueña los volvió hacia la muchedumbre como si buscase a alguien entre ella. Aquella rápida visión bastó a Vronski para ver en aquel semblante la vivacidad refrenada, que animaba la mirada y arqueaba los labios en un sonrisa apenas perceptible. Mirada y sonrisa revelaban abundancia de energía reprimida. Aunque el fulgor de los ojos quería ocultarse, no por eso la leve sonrisa de los labios descubría menos el fuego interno.

Joven, bien parecido y sensual, Vronski es la atracción de los salones de las dos grandes ciudades rusas. Se enamora de Ana, con quien charla y baila alegremente en las veladas de Moscú. Ana se engaña a sí misma; no quiere reconocer que dejó abierto su corazón. Cuando vuelve en tren a San Petersburgo, donde la espera su marido y su hijo, reflexiona sobre su estancia en Moscú. Primero se dice que no tiene nada de qué avergonzarse de esos días, pero inmediatamente le viene el recuerdo de sus diálogos y bailes con Vronski. Una voz interior parecía decirle: «Te quemas, te quemas». Su futuro amante viajaba en el mismo tren y se le declara. Ella lo rechaza, pero señala el narrador que en su corazón había una mezcla de temor y alegría.

Cuando Ana ve a su marido, en la estación de San Petersburgo, lo encuentra con las orejas demasiado grandes. Ana sintió que se le oprimía el corazón al comprobar la hipocresía que mantenía en las relaciones con Alexei Alexandrovich. Regresa a su casa, y aún queriendo mucho a su hijo, le desilusionó no encontrarlo de acuerdo a la figura idealizada que se había formado durante su ausencia.

Una vez que se encuentra en el entorno familiar y normal de su vida, retoma la tranquilidad, y considera que el *affaire* Vronski no ha tenido ninguna importancia:

> ¿Qué ha ocurrido que pudiera inquietarme? –se preguntó–. Nada. Vronski ha dicho una tontería y le he respondido debidamente. No debo hablar de ello a Alexei. Esto parecería querer dar importancia a la cosa.

En San Petersburgo Ana coincide en muchas reuniones sociales con Vronski. En un primer momento se siente importunada por la persecución del conde. Pero cuando asiste a una velada donde pensaba que él iba a estar, y no lo ve, «la invadió una tristeza tan grande que comprendía que se engañaba, y que la asiduidad de Vronski, lejos de desagradarla, constituía el principal interés de su vida». En un té, Vronski dirige a Ana las siguientes palabras:

> Sabe que usted lo representa todo para mí. Pero no conozco la tranquilidad, y eso no podría dárselo. Me entrego a usted por completo, sí. Le doy mi amor. No puedo pensar en usted como un ser separado de mí. A mis ojos los dos no somos más que uno. Y no veo tranquilidad posible para usted ni para mí. Solo desesperación e infortunio nos esperan... ¿O acaso la felicidad? ¡Y qué felicidad! ¿Es imposible esa felicidad? –preguntó, moviendo apenas los labios.

Ana «reunió toda la fuerza de su voluntad para dar a Vronski la respuesta que su conciencia le dictaba. Pero en vez de ello posó sobre él una mirada que expresaba intenso amor».

La protagonista ya ha cedido a la tentación en su corazón. Nada cuentan las obligaciones de fidelidad a su marido, los afectos de madre para su hijo. A partir de ahora seguirá su corazón desligado de la razón y de la conciencia moral. Como Vronski, buscan la felicidad, pero una felicidad egoísta, que desea placer, que quiere acaparar para sí, sin pensar en los demás.

Su marido, que advierte la intimidad entre su mujer y Vronski, le dice –«No tengo derecho, y considero hasta perjudicial ahondar en tus sentimientos –empezó Alexei Alexandrovich–. Si removemos en el fondo del alma, nos expondremos a que salga a la superficie lo que pudiera haber permanecido oculto en sus profundidades. Tus sentimientos son algo propio de tu conciencia. Pero ante ti, ante mí y ante Dios, tengo la obligación moral de recordarte tus deberes. No son los hombres, sino Dios quien ha unido nuestras vidas. Solo un crimen puede romper el sagrado vínculo, y un tal crimen lleva siempre aparejado el castigo»–, a pesar de los consejos, Ana se entrega a su amante, con quien concebirá una hija. La suerte estaba echada para Ana.

Aunque después del adulterio siente remordimientos de conciencia, poco a poco se irá justificando a sí misma, y echa la culpa sobre su marido. Imaginando la reacción que tendrá Karenin, dice:

> En resumen, con palabras precisas y claras, en el modo lacónico de un estadista, me notificará que no puede dejarme libre, y que tomará las medidas necesarias para evitar el escándalo. Y lo que determine hacer, lo hará metódicamente y con absoluta calma. No es un hombre, sino una máquina. Y una máquina muy perversa cuando se disgusta –añadió, recordando los menores gestos, los menores

> defectos físicos de Alexei Alexandrovich, al cual se complacía ahora en acusar y llenar de reproches, buscando en la parte más deleznable de su carácter todos los posibles motivos para rebajarlo y denigrarlo, en compensación por la terrible falta de que se había hecho culpable ante él.

La sociedad rechaza a una mujer públicamente adúltera. Después de un tiempo donde se mantiene la convivencia con Karenin, salvando las apariencias, Ana sigue a Vronski, separándose de su marido y de su hijo. Hará junto a su amante un viaje por Europa, y pasará un tiempo en el campo, en la finca de Vronski. La actitud de Ana se hace cada vez más culpable: cuando da a luz a su hija, casi muere en el parto. Karenin, que estaba en Moscú, regresa apresuradamente a San Petersburgo para estar junto al lecho de su esposa. Perdona a Ana, le da la mano a Vronski, y se ocupa de la hija de los amantes. Sin embargo, nada de eso logra hacerle cambiar parecer a Ana: solo se busca a sí misma, y de una forma desesperada.

> Aquel primer período de liberación moral y de recuperación de la salud fue para Ana una época de alegría exuberante. La idea del mal que había causado no alcanzó a emponzoñar su embriaguez de dicha. Sus pensamientos no podían detenerse en aquellos recuerdos demasiado dolorosos, y, además, ¿no debía al infortunio de su marido una felicidad suficientemente grande para borrar la huella de los remordimientos? Los acontecimientos que habían seguido a su enfermedad la reconciliaron, y luego la nueva ruptura con Alexei Alexandrovich, la noticia del suicidio frustrado de Vronski, su aparición inesperada, los preparativos del divorcio, los adioses a su hijo, la partida de su casa conyugal, todo aquello se le antojaba una pesadilla de la que le había liberado su viaje al extranjero con Vronski. El recuerdo del

daño causado al marido le producía un sentimiento como de repugnancia, y parecido al náufrago que se desembaraza de otro náufrago aferrado a él, el cual se ahoga sin su ayuda. Claro que estaba mal, pero era la única salvación, y era mejor no recordar los terribles detalles.

Pero Ana ve surgir en su corazón los celos, y nota como Vronski no le quiere como antes. En efecto Vronski, «a pesar de la realización de sus más caros deseos, no se sentía totalmente feliz. Eterno error de los que creen hallar la felicidad en el cumplimiento de todos sus caprichos».

Ana y Vronski vuelven a Moscú. Pero el amor se ha enfriado. Las discusiones son cada vez más frecuentes, hasta que se separan. Ana se va deslizando hacia un estado de ánimo cercano a la locura. Se encuentra sola, sin marido, ni amante, ni hijos. Odia a todo el mundo y se odia a sí misma. Pierde la cabeza y decide poner fin a sus días. Antes de suicidarse hace la señal de la cruz. Sus últimas palabras abren una puerta a la esperanza: «¡Señor, perdonadme!».

* * *

Señala Antonio Ríos: «Cuando el enamoramiento no resulta iluminado por la idea de bien, Tolstoi nos lo presenta como un hechizo de terribles consecuencias, como un espejismo embrujado y nefasto, presagio de fatales acontecimientos. El ejemplo más claro es el enamoramiento pasional entre Vronski y Ana Karenina»[7].

Para Dostoievsky –quien llegó a afirmar que *Ana Karenina* era «una obra perfecta»–, el sentido de la novela

---

[7] RÍOS, A., cit., p. 120.

estaba en el problema de la relación entre la culpa y el sufrimiento. Tolstoi utilizó como epígrafe de la novela las palabras del Antiguo Testamento: «Mía será la venganza y yo retribuiré». El final de Ana parece dar razón a Dostoievsky y al texto de la Escritura.

Konstantin Dimitrich Levin es, junto con Ana, el personaje principal de la novela. Hay muchos rasgos en su vida y en su pensamiento que lo acercan al mismo Tolstoi. En concreto, Levin viene del nombre de pila del escritor, Lev. Una identificación total entre Tolstoi y Levin sería exagerada, pero no cabe duda que el escritor ha dejado en este personaje entrañable rasgos de su propio ser.

Levin, de familia noble no demasiado encumbrada, está enamorado de Kitty, hermana de Dolly. La joven prefiere a Vronski. Levin, rechazado, decide mejorar, hacerse más digno, madurar, buscar el sentido de su vida. Es un hombre que se replantea continuamente el porqué de las cosas, y no se conforma con las respuestas del ambiente, habitualmente utilitaristas y egoístas. Posee principios morales e ideas políticas, sociales y económicas muy firmes, y quiere vivir de acuerdo a sus convicciones, aunque eso le acarree aislamiento e ir contracorriente. Ha hecho una opción por la vida sencilla del campo, y siente un rechazo por la frivolidad de las relaciones sociales urbanas. Preocupado sinceramente por el progreso de los campesinos, procura trabajar codo a codo con ellos y entender su filosofía de la vida. Además, lee a escritores que le ayuden en su búsqueda existencial y técnicos que le den ideas para mejorar la producción del campo.

El rechazo de Kitty se transforma en reconciliación y matrimonio. Esto le da una gran alegría, aunque Levin convive continuamente con sus dudas sobre el sentido de la existencia humana. Uno de los capítulos más logrados de toda la novela es el que narra la muerte de Nikolai, su hermano. La cercanía del sufrimiento físico y de la miseria moral ejercen en él una influencia muy profunda, que le provocan un remezón interior. Se plantea el sentido del dolor, el valor de la vida humana.

> A la vista de aquel espectáculo, todo el horror de Levin por el pavoroso enigma de la muerte se reveló con la misma intensidad que la noche otoñal en que vino a verle su hermano. Ahora este sentimiento era más vivo que antes, y menos que antes se sentía capaz de comprender el sentido de la muerte, y veía esta fatalidad mucho más horrorosa. Pero esta vez, la compañía de su esposa le impidió caer en la desesperación, porque, a pesar de la presencia de la muerte, experimentaba la necesidad de vivir y de amar. El amor por sí solo bastaba para salvarle, y se hacía por tanto más fuerte y más puro que el otro sentimiento que le embargaba.

El matrimonio con Kitty, decíamos, logra aquietar un poco su angustia existencial, que vuelve a aparecer cuando nace su primer hijo. Ante la posibilidad de que su esposa muriera en el parto, vuelve a rezar como no lo hacía desde la infancia:

> ¡Señor, perdonadme, Señor, venid en mi ayuda! –repetía sin cesar, satisfecho de haber recobrado, a despecho de su prolongado alejamiento de las cosas santas, la misma confianza natural en Dios que en los días de su infancia.

El parto fue un éxito, pero Levin, aun amando entrañablemente a Kitty, no lograba querer a su hijo:

> Sentía una dicha inmensa sabiendo que Kitty estaba a salvo, pero ¿y aquel niño? ¿Quién era? ¿De dónde venía? Aquella

> idea le pareció difícil de aceptar; no se pudo hacer a ella en mucho tiempo.

Levin vive en su finca, y trabaja con entusiasmo, en parte para descargar su angustia. Está en contacto directo con los campesinos. Será precisamente el diálogo con uno de ellos –Féodor– lo que le abrirá a su alma un horizonte de sentido para su existencia. Escuchemos a Féodor:

> –No todos somos iguales, Konstantin Dimitrich. Hay unos que no viven más que para llenar la panza, y otros que piensan en Dios y en su alma.
>
> –¿Qué entiendes tú por eso?
>
> –Pues vivir para Dios, observar su ley. No todos los hombres son iguales. Así usted, por ejemplo, tampoco sería capaz de hacer daño a los pobres.
>
> –Sí, sí... Hasta la vista –balbució Levin, jadeando de emoción. Y volviéndose para recoger el bastón, se dirigió a largos pasos hacia la casa.
>
> "Vivir para su alma, para Dios". Aquellas palabras del campesino habían hallado eco en su corazón, y unos pensamientos confusos, pero que sentía fecundos, se escapaban de algún rincón de su ser para resplandecer con una claridad nueva.

Los últimos capítulos de la novela están dedicados a las reflexiones de Levin y al descubrimiento del sentido de la vida. Vale la pena transcribir parte de sus diálogos interiores:

> Levin caminaba a buen paso por la carretera, y sin acabar de comprender las vagas ideas que se agitaban en su interior, entregábase a las emociones de un estado anímico totalmente nuevo. Las palabras del campesino habían producido el efecto de una chispa eléctrica, y el enjambre de

conceptos difuminados y sin relación alguna entre sí, que no había dejado de asediarle, iba adquiriendo densidad para colmar su corazón de un gozo inexplicable.

"No más vivir para mí, sino para Dios. ¿Para qué Dios? ¿No parece una insensatez pretender que no debemos vivir para nosotros mismos, es decir, para lo que comprendemos, lo que nos agrada y nos atrae, sino para ese Dios que nadie comprende ni sabe definir? Pero por insensatas que parezcan esas palabras, las he comprendido, no he dudado de su exactitud, no las he encontrado ni falsas ni oscuras... Les he dado el mismo sentido que el campesino ese, y es posible que jamás haya comprendido con tal claridad. Es el sentido de toda mi vida, y también de la vida de todo el mundo. ¡Y yo, que buscaba un milagro para convencerme! He aquí el milagro, el único posible, que no he notado a pesar de que me rodea por completo.

Cuando Féodor afirma que Kirillov solo vive para su panza, comprendo lo que quiere decir. Es perfectamente razonable. Los seres racionales no sabrían vivir de otra forma. Pero enseguida afirma que hay que vivir, no para la propia panza, sino para Dios... ¡Y lo he comprendido desde el principio! ¡Yo y millones de hombres, en el pasado y en el presente, tanto los pobres de espíritu como los doctos que han escrutado estas cosas y han hecho oír a este respecto sus voces confusas, estamos de acuerdo en un punto: hay que vivir para el bien. El solo conocimiento claro, indubitable, absoluto que tenemos es ese, y no hemos llegado a él por el simple razonamiento, porque la razón lo excluye, porque no tiene causa ni efecto. El bien, si tuviera una causa, dejaría de ser bien, como si tuviese una consecuencia, una recompensa. Por lo tanto, el bien está fuera de la ligazón de causas y efectos. Esto lo sé yo, lo sabemos todos. ¿Cabe imaginar un milagro tan grande?

¿Habré encontrado verdaderamente la solución de mis dudas? ¿Voy a dejar de sufrir?"

Así razonaba Levin, insensible a la fatiga y al calor; sofocado por la emoción y no atreviéndose a creer en el apaciguamiento que se estaba realizando en su alma, se alejó del camino principal para internarse en el bosque. Allí, al notar su frente cubierta de sudor, se tendió en la hierba, apoyado en un codo, y reanudó el curso de sus reflexiones.

"Vamos a ver, tengo que concentrarme, tratar de comprender lo que me pasa –se dijo, mientras seguía los movimientos de un escarabajo verdoso, que trepaba por el tallo de una planta y al que detuvo su marcha la caída de una hoja–. ¿Qué he descubierto para sentirme feliz? –se preguntaba apartando la hoja y ofreciendo otro tallo al insecto–. Sí, ¿qué he descubierto?... Antes decía que en mi cuerpo, en el cuerpo de esta planta y de este insecto (mira, no ha querido subirse al otro tallo, ha desplegado las alas y ha volado) tiene lugar cierto metabolismo, según las leyes físicas, químicas y fisiológicas. Y en todos nosotros, así como en los álamos temblones, en las nubes y en las nebulosas, se produce una evolución. ¿Evolución de qué? ¿En qué? ¿Una evolución infinita y una lucha?... ¡Como si en el infinito pudiese haber alguna dirección! Y yo me extrañaba de que, a pesar del mayor esfuerzo mental en esta dirección, no he descubierto el sentido de la vida, la razón de mis deseos y aspiraciones. Sin embargo, ahora, la razón de mis deseos es tan clara, que vivo permanentemente en ella; y me asombré y me alegré cuando el campesino me dijo: vivir para Dios, para el alma.

No he descubierto nada. Solo me he enterado de lo que sé. He comprendido la fuerza que no solo me dio la vida en el pasado, sino que me da ahora también. Me he liberado del error. He conocido al Señor".

Y evocó el curso que siguieron sus ideas desde la muerte de su hermano dos años atrás. Por primera vez había comprendido claramente que, no teniendo ante sí otra perspectiva que el sufrimiento, la muerte y el olvido eterno, lo que debía hacer era una de estas dos cosas: saltarse la tapa de los sesos o explicarse el problema de la existencia, de forma que no volviese a ver en ella la cruel ironía de un genio maléfico. No obstante, sin llegar a explicarse nada, había seguido viviendo, pensando, sintiendo; también había conocido, gracias a su matrimonio, nuevas alegrías que le hacían feliz cuando no se interponían aquellos pensamientos que le mortificaban. ¿Qué probaba tal inconsecuencia? Que vivía bien, pensando mal. Sin saberlo, le habían sostenido aquellas verdades espirituales que mamara junto a la leche materna, verdades que su espíritu afectaba ignorar. Ahora comprendía que solo ellas le habían permitido vivir.

"¿Qué hubiera sido de mí si yo no hubiera sabido que hay que vivir para Dios, y no para la satisfacción de las propias necesidades? Habría mentido, robado, asesinado... Ninguna de las alegrías que me da la vida habría existido para mí".

Su imaginación no le permitía siquiera concebir a qué grado de bestialidad habría descendido si hubiese ignorado las verdaderas razones de vivir.

"Yo me había puesto a la búsqueda de una explicación que la razón no puede dar, porque no alcanza el nivel del problema. Solo la vida podía darme una respuesta a la medida de mis deseos, y eso gracias a mi conocimiento del bien y del mal. Y ese conocimiento yo no lo he adquirido, no habría sabido dónde encontrarlo; me ha sido "dado" como todo el resto. El razonamiento, ¿me habría demostrado que debo amar a mi prójimo en lugar de estrangularle? Si cuando me lo enseñaban en mi infancia lo creí tan fácilmente es porque yo lo sabía ya. ¿Y quién me lo ha descubierto? No ha sido la razón. La razón ha descubierto la lucha por la existencia y la ley que requiere aplastar a todo lo que impida la satisfacción de mis deseos. La deducción es lógica. Pero la razón no puede inducirme a amar al prójimo, porque este precepto no nos viene dado por el simple mecanismo de la razón.

> Sí, el orgullo –se dijo tendiéndose de bruces y empezando a hacer nudos con los tallos de las hierbas procurando no romperlos.
>
> Y no solo existe el orgullo de la inteligencia, sino también la estupidez de la misma; principalmente la perfidia de la inteligencia. Esto es, la perfidia de la inteligencia" –repitió.

Si bien estos descubrimientos espirituales le llevan a una gran felicidad –«¿Es esto verdaderamente la fe? –se dijo, no osando creer en su felicidad–. ¡Gracias, Dios mío!»–, con el pasar de los días el entusiasmo se modera, y Levin adopta una posición más despegada. A pesar de la luz que recibe de las palabras de Féodor y de la felicidad que experimenta, no ve que su vida de todos los días haya cambiado: sigue siendo impaciente, de mal carácter. Pero tiene claro a dónde ha de dirigirse en su vida. Con las siguientes líneas, Tolstoi pone punto final a *Ana Karenina*:

> Este nuevo sentimiento no me ha cambiado, no me ha llenado de asombro, ni me ha hecho feliz como pensaba. Lo mismo que en el amor paternal, no ha habido en él ni sorpresa ni éxtasis. ¿Debo darle el nombre de fe? No lo sé. Lo único que sé es que se ha deslizado en mi alma por el dolor y que ha arraigado en ella firmemente.
>
> Probablemente seguiré impacientándome con mi cochero Iván, discutiendo inútilmente, expresando mis ideas sin venir a propósito. Yo sentiré siempre una barrera entre el santuario de mi alma y el alma de los demás, incluyendo la de mi esposa. Siempre haré responsable a esta de mis errores para arrepentirme al instante. Seguiré rezando, sin poder explicarme por qué rezo. ¡Qué importa! Mi vida interior ya no estará a merced de los acontecimientos. Cada minuto de mi vida tendrá un sentido indiscutible, y en mi poder estará imprimirlo en cada una de mis acciones: ¡el sentido del bien!

«No más vivir para mí». Las palabras de Féodor, al final de la novela, habían sido pronunciadas muchas páginas atrás no con palabras sino con el ejemplo por un personaje que aparece fugazmente en la trama: nos referimos a Varenka. La familia de Kitty decide ir a una pequeña estación termal en Alemania, para que esta recupere la salud, deteriorada por los desengaños amorosos que ha sufrido. En un ambiente de descanso, Kitty hace amistad con Varenka, una joven que dedica toda la jornada a atender a personas ancianas, enfermas, que necesitan del cuidado y del cariño de los demás. Varenka lo hace con tanta naturalidad, alegría, elegancia y olvido de sí que atrae a todo el mundo, y en particular a Kitty. La futura mujer de Levin hace examen de conciencia al darse cuenta –frente al ejemplo de Varenka– de que tiene muchas actitudes que denotan egoísmo:

> El ejemplo de Varenka le mostraba que para sentirse feliz, serena y buena, como ella deseaba, bastaba olvidarse de sí mismo y amar a los demás. Una vez que hubo comprendido qué era "lo más importante", Kitty no se limitó a admirarlo, sino que se entregó enseguida con toda su alma a esa vida nueva que tanto la atraía.

Varenka es de esos "querubines" que de vez en cuando aparecen en las novelas rusas. Para Kitty no será tan fácil seguir su ejemplo, pero a lo largo de la novela va madurando y se convierte en una excelente esposa, madre, hermana y amiga. Es emocionante ver cómo cuida a su cuñado Nikolai, cuando está en su lecho de muerte. Levin experimenta una repugnancia ante la suciedad, los olores, las llagas de su hermano. Kitty se da toda ella en la atención al enfermo. Quizá en ese momento pensaba en Varenka:

Desde que estaba cerca del enfermo, sentía piedad por él. Lejos de experimentar, cómo era el caso de su marido, disgusto o terror, aquella compasión la inducía a informarse de todo aquello que pudiera suavizar tan triste estado. Convencida de que debía proporcionar algún consuelo a su cuñado, nunca puso en duda la posibilidad de hacerlo, e inmediatamente puso manos a la obra. Los detalles que repugnaban a su marido fueron precisamente los que más retuvieron su atención. Hizo llamar a un médico, envió a un sirviente a la farmacia, ocupó a la criada que venía con ella, y a María Nikolaievna en barrer, quitar el polvo, lavar, ayudándoles ella misma. Ahuecó la almohada del enfermo, hizo traer y llevar diferentes cosas. Sin preocuparse de los que encontraba en su camino, iba y venía de su cuarto al del enfermo, cargada de trapos, servilletas, camisas, fundas de almohadas, etc. (...). Kitty no tenía tiempo de pensar en sí misma. Ocupada únicamente de su enfermo, parecía tener un sentido muy exacto de la conducta a seguir.

* * *

La actitud existencial de Levin, Kitty y Varenka abren perspectivas antropológicas muy alejadas de las que proponen Ana y Vronski. Coincidimos con el intérprete español: «Siendo fieles a Tolstoi, concluimos que en *Ana Karenina* muestra el contraste entre el egoísmo y el amor universal. El mensaje religioso y moral de los terribles años fundamentalistas de nuestro escritor, bien pudiera comenzar con el suicidio de Ana como un aviso: "Vivir para sí mismo es la muerte, vivir para los demás es la vida"»[8].

---

[8] Ibid., pp. 155-156.

Dos muertes reveladoras

Mientras Tolstoi redacta *Ana Karenina*, experimenta una crisis espiritual que desembocará en su conversión a un cristianismo muy personal, como hemos tenido oportunidad de comentar. Los relatos breves escritos después de su conversión se podrían inscribir en el género catequético y apologético. Muchos de estos escritos estaban destinados a los campesinos: Tolstoi acude a los cuentos, las fábulas, y saca explícitamente las consecuencias morales de la historia que narra. Se abordan todo tipo de argumentos de carácter religioso: la necesidad del perdón, del desprendimiento de los bienes temporales, la identificación de Cristo con los más pobres, la fugacidad de la vida terrena, la paciencia frente a las injusticias y la no violencia como método para resolver los problemas sociales. Para la sensibilidad contemporánea, este tipo de escritos es demasiado directo en su afán apologético. Tolstoi, en estas páginas, no desvela la verdad con alusiones, dejando al lector el trabajo de sacar por él mismo sus conclusiones: el neo-converso hace propaganda ideológica, y pone, junto a las enseñanzas del evangelio, algunas ideas propias de carácter utópico y anárquico como si se desprendieran necesariamente del Nuevo Testamento. A medida que van pasando los años, Tolstoi se hace más ácido en sus críticas a la Iglesia ortodoxa, y presenta posiciones cada vez más extremas en cuestiones sociales, como el antimilitarismo y su rechazo a la propiedad privada.

Algunos cuentos de este período, sin embargo, alcanzan su fin apologético sin ser explicitado. Son, a mi juicio, los más eficaces. Presentaremos dos que tratan, de formas diversas, la misma temática: la necesidad de darse a los demás para encontrar un sentido a la vida.

En 1886 Tolstoi escribe *La muerte de Iván Illich*. En ella se narra la historia de un hombre común, hijo de un abogado, que sigue la carrera judicial. Va escalando posiciones hasta llegar a ser juez procurador de una ciudad de provincia. Está muy pendiente de lo que hace la clase alta de la sociedad, y procura asimilar sus costumbres y sus gustos a los de esa clase. Casado, tiene varios hijos, pero solo sobreviven dos. Lleva una vida típica de un funcionario: respeta el horario de trabajo en los tribunales, cumple sus obligaciones familiares y se reúne con un grupo de amigos, que conoce por sus relaciones laborales. Iván, sin embargo, no está satisfecho de sí mismo. La vida matrimonial le trae sinsabores, se hace cada vez más irritable, sus hijos mantienen con él una relación más bien fría.

Ya bien entrado en los cuarenta, comienza a sentir un dolor en el costado. Va a ver a un médico, que le da un diagnóstico provisional: hay algo que funciona mal en el riñón o en el intestino. Los dolores se hacen más frecuentes y más agudos. Iván se preocupa cada vez más, e inicia una peregrinación por los consultorios más prestigiosos de la ciudad. Nadie acierta con un tratamiento eficaz, e Iván se va dando cuenta de que su enfermedad es grave y que se le acerca la muerte.

Tolstoi describe con fina pluma la obsesión que domina el ánimo del enfermo. Mientras está en el tribunal, en medio de una causa que debe juzgar, siente una punzada en su costado:

> Iván Illich se concentraba en la escucha, trataba de quitarse de la cabeza el pensamiento de *ella* (la muerte), pero ella seguía su camino, y *ella* llegaba, y se le ponía delante, y lo miraba, y él se quedaba de piedra, se le apagaba el brillo de sus ojos, y volvía nuevamente a preguntarse: "¿Será posible

que solo *ella* sea la verdad?". Y los colegas y los imputados veían con estupor y pena que él, un juez tan brillante y agudo, se confundiese y cometiese errores. Él se esforzaba, retomaba el control y procuraba llevar la audiencia a término, y retornaba a su casa con la conciencia de que su trabajo como juez no podía esconderle lo que él quería esconder: que el trabajo como juez no podía escapar de *ella*. Y lo peor era que *ella* lo atraía hacia sí no porque él hubiera hecho algo, sino simplemente porque lo miraba directamente a los ojos, y sin hacer nada, se atormentaba en forma indecible (...). Iba a su escritorio, se recostaba, y quedaba nuevamente a solas con *ella*. Cara a cara con *ella*, y no había nada que hacer con *ella*. Solo mirarla, y congelarse.

En esta situación, no encuentra a su alrededor demasiado consuelo. Su mujer y su hija siguen llevando adelante una vida mundana, y si bien procuran tener algún detalle de cariño, no logran llegar al corazón de Iván:

> Lo que más atormentaba a Iván Illich era que nadie lo compadecía como él hubiera querido. En ciertos momentos, después de largos sufrimientos, habría deseado más que cualquier otra cosa, por más que se avergonzara en reconocerlo, que hubiera alguien que sufriera por él, porque estaba enfermo, como se compadece a un niño enfermo. Hubiera deseado que lo acariciasen, que lo besasen, que llorasen por él, como se hace con los niños.

Pero nadie lo hace. El único que le da consuelo es Gerasim, un *mujik* que está a su servicio. Se hace cargo de los dolores de Iván, siente compasión por su señor, y no ahorra esfuerzos para hacerle la vida más soportable –pasa noches en vela levantando las piernas al enfermo, pues esto le alivia sus dolores– y sobre todo no participa en el ambiente de mentira que rodea a Iván Illich: nadie quiere mencionar que la enfermedad es mortal, que no hay remedio humano, y todos fingen que algún día se curará. Gerasim dice sin ambages, cuando Iván le pide que se retire a descansar:

> "Todos moriremos. ¿Por qué no nos vamos a ocupar de Usted?", dando a entender de esa manera que él no se cansaba de realizar esos servicios precisamente porque los hacía por una persona que estaba por morir, y esperaba que a su debido tiempo hubiera alguien que le hiciera esos servicios a él.

En los últimos días de su vida, a Iván le viene a la memoria su vida pasada. No entiende por qué él tiene que morir. Considera que su vida había sido honesta. Pero a su vez se da cuenta que ha vivido para sí mismo: no ha querido realmente a la gente que le rodea. Ha edificado su proyecto vital sobre el éxito profesional, el "buen tono" social y los pequeños placeres egoístas. Pero antes de morir, su hijo entra en su habitación, se acerca a la cama donde yace su padre, le toma la mano, la besa, y se pone a llorar. Iván sufre un cambio radical en su interior: ante el amor de su hijo se da cuenta que tendría que haber vivido para los demás. Ahora, siente piedad por su mujer y por sus hijos: se preocupa para que no sufran en esos momentos. Cuando se pone a pensar en los demás, desaparece el dolor y su miedo a la muerte:

> En lugar de la muerte había luz.
>
> –¡Entonces es así!, dijo de modo imprevisto y en voz alta. ¡Qué alegría!

Después de dos horas, muere en paz, repitiendo dentro de su alma unas palabras que escucha en su interior: «La muerte se acabó. No existe más».

Unos años más tarde Tolstoi escribe *Amo y criado*. Narra la historia de un viaje en una *troika* que realizan Vasilij Andrejc, propietario de tierras y comerciante, y su siervo Nikita. Se dirigen a una población distante de donde viven, con el fin de comprar un bosque. En el trayecto los sorprende una tormenta de nieve. Las circunstancias climáticas son tan adversas que en un momento dado deben interrumpir la marcha. Se preparan para pasar la noche a la intemperie. El señor busca su propia comodidad, y se olvida de su siervo, quien también procura protegerse del frío. Vasilij pasa las horas gélidas de la noche soñando con los negocios que hará al día siguiente, y regodeándose con el recuerdo de los bienes que posee. Nikita, por su parte, prepara su alma para morir, pues está convencido de que a lo largo de la noche se va a congelar. Considera que por encima de su señor hay un Señor que lo protege, y espera pasar a la otra vida a pesar de sus pecados.

Vasilij decide después de unas horas abandonar a su siervo y al carro, desenganchar el caballo, montarlo y buscar un refugio. A pesar de sus esfuerzos, no lo consigue. Al regresar al carro observa que Nikita se está congelando. Apenado, decide echarse sobre su siervo para darle calor, busca por todos los medios que vuelva en sí, y mientras está realizando esta obra de caridad se da cuenta de que los bienes de esta tierra no son nada comparados al amor por los demás. Encuentra un nuevo sentido a su vida: antes todo giraba en torno a sí mismo. En cambio, en ese momento extremo, decide darse al otro. «Ahora sé» dice para sí mismo Vasilij: había encontrado el secreto de la felicidad.

Vasilij muere en el intento de salvar a su siervo. Nikita sobrevive gracias a la entrega de su señor: en los años sucesivos procura mejorar moralmente, para terminar sus días rodeado de su familia y pasar a la vida eterna. La moraleja de Tolstoi se resume en las últimas frases: «¿Está mejor o peor allí donde se despertó después de la muerte? ¿Se habrá quedado decepcionado o habrá encontrado lo que esperaba? Todos nosotros lo sabremos pronto».

«¡Entonces es así!», exclama Iván Illich; «Ahora sé», dice Vasilij. En el último momento de sus vidas, estos dos personajes –al igual que Andrej Volkonski y Levin– descubren que el secreto de la existencia plena radica en el olvido de sí y en la entrega a los demás. Este mensaje es lo que hace grande –a pesar de sus excentricidades e incoherencias– a Lev Tolstoi.

* * *

«Los personajes de Tolstoi son hombres que descubren que, por encima de ellos, existe algo muy superior a su individualidad (...). Esto se debe a que son sencillamente hombres. Hombres insertos en lo que hemos llamado "atmósfera de la vida", que prepara la idea de Dios en Tolstoi, idea que puede resumirse así: la vida no tiene sentido si uno la vive únicamente para sí mismo. Y como escritor-Dios omnisciente, Tolstoi se recrea en su creación, que va mucho más allá de los instantes y que se extiende a esa atmósfera vital. Por ello el escritor es incapaz de limitarse en una novela a tratar un corto espacio de tiempo (...). Él debe ir mucho más allá, debe mirar y penetrar el pasado y sobre todo el futuro. Deben pasar los años en las novelas de Tolstoi, los personajes deben envejecer, porque su creador omnisciente, que "vió que su creación era buena", ha de observar a sus personajes en su evolución temporal (...). Una vida íntegra y clara es la que quiere expresar Tolstoi»[9].

[9] Ibid., pp. 277-278.

7.
ANTÓN CHÉJOV. LA SONRISA TRISTE (1860-1904)

Antón Pavlovich Chéjov nació en 1860 en Taganrog, ciudad a orillas del Mar de Azov, que había tenido un pasado brillante como puerto comercial, pero que para esa época se encontraba en franca decadencia. Su padre era un tendero pobre, devoto ortodoxo y director del coro de la Iglesia, pero a su vez autoritario, que pegaba a sus hijos y que tenía sometida a su mujer. La madre, siempre atemorizada por el trato de su marido y protegiendo a sus hijos, era una buena narradora de cuentos y de recuerdos de sus viajes por Rusia en compañía de su padre, comerciante de telas. La infancia de Antón, rodeado de hermanos, fue bastante dura, pero dotado de un carácter positivo y emprendedor logró salir adelante, trabajando en la tienda, leyendo, e incluso escribiendo un periódico cómico junto a sus hermanos mayores.

Cuando tenía 16 años se queda solo en su ciudad natal: algunos de sus hermanos habían ido a Moscú para realizar estudios universitarios, y tras la quiebra de los negocios paternos, sus padres y los demás hermanos también se trasladan allí. En ese período demuestra capacidades para manejarse solo, ganarse la vida y hacer proyectos para el futuro. En concreto, decide estudiar medicina. En 1879 termina sus estudios secundarios. Cuando en ese año llega a Moscú observa la miseria en la que vive su familia. A la vez que estudia en la Universidad, escribe relatos breves que envía a distintos periódicos, con el fin de ganar un poco de dinero. Logra publicar algunos de sus cuentos, y entra a colaborar establemente en publicaciones prestigiosas. A partir de 1886 es ya bastante conocido y apreciado por algunos intelectuales. Si bien su profesión era la medicina, y escribía solo para ayudar a la maltrecha economía familiar, poco a poco fue ganando el oficio de las letras, aunque nunca abandonó la medicina y la ejerció con un espíritu de servicio encomiable.

El triunfo literario hace de Antón el cabeza de familia, pues varios de sus hermanos estaban arruinados y llevaban una vida desarreglada. Consigue una posición económica digna, una buena vivienda para todos sus familiares, y hasta podrá alquilar primero y comprar después casas en el campo.

Chéjov realizó un viaje hasta las islas Sajalín, en el extremo oriente ruso, donde se encontraba un célebre presidio, para observar en primera persona la situación de los presos. Fruto de este viaje fue un libro que ayudó a mejorar el sistema carcelario del archipiélago. Regresó a Moscú por Asia, donde conoció paisajes y culturas muy distintos a su tierra natal. Estas experiencias ampliaron la visión del escritor, que también viajó por Europa occidental.

Chéjov siempre escribió novelas cortas o relatos brevísimos sobre aspectos de la vida cotidiana de la gente común. También escribió obras de teatro –*La gaviota*, *Tío*

Vania, *Las tres hermanas*, *El jardín de los cerezos*, entre las más conocidas–, y frecuentó los ambientes teatrales. De hecho, pocos años antes de morir se casa con una actriz de origen alemán, Olga Leonardovna Knipper, a quien amó sinceramente, aunque estuvieron bastante tiempo separados por las giras artísticas de ella.

En sus últimos años cultivó la amistad de Tolstoi y de Máximo Gorki. Chéjov poseía algunas ideas políticas de izquierda, similares a las de estos dos escritores. Sin embargo, poco influyó su ideología en su labor literaria. La hija de Tolstoi recuerda una visita que Chéjov hizo a su padre en Crimea, durante el verano de 1901: «Llegó débil, apoyándose en el bastón. Parecía tímido, serio; tenía una tos seca, daba la impresión de estar enfermo. Sus mejillas ahuecadas estaban rojas, quizá por la agitación, o quizá también por la enfermedad. En la terraza hablaba con papá sobre literatura. Mi padre lo estimaba mucho, y entre todos los escritores de la nueva generación, la compañía de Chéjov era la que más le gustaba. Podía expresarle abiertamente su opinión, porque sabía que Chéjov lo habría podido entender y no se sentiría ofendido. Papá trataba de convencerlo que no escribiera dramas. En cambio, le encantaban sus cuentos. Chéjov causó a todos nosotros una impresión óptima por su seriedad, su sencillez y la fascinación especial que irradiaba su persona»[1].

Enfermo de tuberculosis, Chéjov muere en 1904, en Baden-Baden, adonde había ido por prescripción médica. Tenía solo 44 años. Su madre y su mujer le sobrevivirán. Considerado uno de los mejores narradores de relatos breves, dejó este mundo rodeado del afecto de multitudes, que leían sus obras en las que encontraban circunstancias

[1] TOLSTAJA, A. L., cit., pp. 101-102.

muy cercanas a las de ellos. También fue muy reconocido por su preocupación por los más pobres y humildes de la sociedad, aunque nunca cayó en la idealización de los *mujiks*, pues los conocía a través de su profesión médica, con sus virtudes y sus defectos[2].

* * *

La producción literaria de Chéjov se despliega, como queda dicho, en cientos de cuentos y novelas cortas, además de sus obras de teatro. Es verdaderamente sorprendente la capacidad de presentarnos personajes y situaciones en pocas páginas. La mayoría de los protagonistas de sus cuentos son gente del común: artesanos, funcionarios, jóvenes estudiantes, campesinas, sacerdotes. Chéjov narra con gran concisión y a su vez con belleza descriptiva una situación vital, cómica o trágica, que podría suceder en la vida de cualquiera de los lectores, pues la acción transcurre en una barbería, en un vagón del tren, en una fiesta popular o en una casa de campo. El narrador no hace mayores comentarios a lo que sucede: simplemente presenta la vida. Tampoco hay consideraciones morales: Chéjov, al igual que Turgenev, consideraba que si describía a unos ladrones de caballos no debía añadir que robar caballos era inmoral. La misma historia haría entender al lector el significado moral de los acontecimientos.

Según Mirskij, «ningún escritor supera a Chéjov en darnos el sentimiento de incomunicación recíproca de los seres humanos, de la imposibilidad de comprensión

---

[2] Para conocer la vida de Chéjov, recomendamos NEMIROVSKY, I., *La vida de Chéjov*, Noguer, Barcelona 1991.

recíproca»[3]. Pero el lector sí comprende el drama de los personajes, y junto al sentimiento melancólico que dejan sus historias surge un deseo de superar dicha incomunicación. Vamos a analizar tres cuentos de Chéjov, que tienen una enseñanza clara sin que el autor la manifieste explícitamente. Después diremos algo sobre su teatro.

El primer cuento que queremos comentar se titula *Tristeza*, de 1886. El protagonista se llama Iona Potápov, un pobre cochero a quien se le acaba de morir un hijo. El coche es tirado por un caballo viejo y cansado. Iona está profundamente triste por la muerte de su hijo, y quiere compartir su dolor con alguien. Por eso, trata de contar a los pasajeros su desgracia, pero estos, después de prestarle atención unos segundos, se despreocupan del cochero y de su dolor. Intentará contar su sufrimiento a un portero y a otro cochero joven con el que se encuentra en el lugar donde duerme, pero Iona halla la indiferencia más absoluta.

Triste, el narrador presenta las siguientes reflexiones:

> Iona trata de observar el efecto producido por sus palabras, pero no ve nada. El joven se ha tapado la cabeza con la manta y se ha quedado dormido. El viejo suspira y se rasca… Tiene tanta necesidad de hablar como el joven de beber. Pronto hará una semana que murió su hijo y aún no ha hablado con nadie como Dios manda… Y esas cosas hay que contarlas con calma, tomándose su tiempo… Es preciso relatar como enfermó el hijo, cuánto sufrió, lo que dijo antes de expirar, como murió… Hay que describir el entierro y el viaje al hospital para recoger la ropa del difunto… En la aldea ha quedado su hija Anisia… También habría que hablar de ella… Temas de conversación no le faltan.

[3] MIRSKIJ, D.S. cit., p. 386.

Además, el oyente debe suspirar, gemir, lamentarse... Lo mejor sería hablar con mujeres. Son tontas, pero bastan dos palabras para que lloren a lágrima viva.

Finalmente, decide ir a dar de comer al caballo.

Se viste y se dirige al establo donde está su caballo. Piensa en la avena, en el heno, en el tiempo... Cuando está solo, no puede pensar en su hijo... Puede hablar de él con los demás, pero a solas le resulta absolutamente insoportable pensar en él y evocar su imagen...

–¿Rumias?– pregunta Iona a su caballo, mirando sus ojos brillantes–. Bueno, rumia si quieres... No hemos ganado para avena, así que tendremos que comer heno... Sí... Soy demasiado viejo para hacer de cochero... Es mi hijo quien debiera ocuparse de este oficio, no yo... Él sí que era un cochero de verdad... Sólo le bastaba haber vivido...

Iona guarda silencio durante un rato y prosigue:

–Así es, mi buen rocín... Kuzmá Iónich ya no está entre nosotros... Nos ha dejado... Se murió de repente, así como así... Supongamos que tuvieras un potrillo, que fueras la madre de ese potrillo... Si de pronto, digamos, ese potrillo pasara a mejor vida... ¿No te daría pena?

El matalón rumia, escucha y resopla en las manos de su amo...

Iona no puede contenerse y se lo cuenta todo...

Chéjov no nos dice explícitamente que hay que escuchar a las personas que tienen un dolor, o que existe una obligación de caridad en el consolar al afligido. No hace falta que lo diga: la historia lo dice todo.

El segundo cuento es *La helada*, escrito en 1887. Narra una fiesta popular en una ciudad no identificada, en el día de Reyes, es decir, en pleno invierno. Las temperaturas eran extremas y se pensó en cambiar la fecha de la fiesta, pero era tal la ansiedad por divertirse y tantos los preparativos en el pueblo, que se decide tenerla el día previsto. Esa noche hacía veintisiete grados bajo cero. Hay patinaje, música, bailes. Presiden la fiesta el gobernador y el obispo. Al poco tiempo llega el alcalde, un viejito charlatán, que saluda a las personalidades reunidas y se queja del frío que hace. Basado en esas circunstancias climáticas, el alcalde cuenta con lujo de detalles al gobernador y al obispo lo que sentía en su juventud cuando era pobre y no tenía con qué abrigarse. Cómo se le helaba el corazón y se le agriaba el carácter. Después de que el alcalde narre varias historias de su vida, el gobernador también recuerda anécdotas relacionadas con el frío en su juventud, y lo mismo hará el obispo.

Cuando se acerca un pobre inspector de policía para dar una información al gobernador, las autoridades se dan cuenta que está pasando un frío tremendo.

> Viendo los dedos del inspector, ateridos y separados en la visera, así como su nariz, sus ojos empañados y su capuchón, cubierto de blanca escarcha a la altura de la boca, todos sintieron, por alguna razón, que debía de dolerle el corazón, que tenía el vientre rígido y el alma embotada...

Y el gobernador le dirige las siguientes palabras:

> –Escuche (...), ¡bébase un vaso de vino caliente!
>
> –Vamos, vamos... ¡tómatelo! –dijo el alcalde con un gesto de la mano–. ¡No te dé vergüenza!
>
> El inspector tomó el vaso con ambas manos, se alejó unos pasos y, tratando de no hacer ruido, se puso a beber ceremoniosamente, a pequeños sorbos. Mientras tragaba con

> aire turbado, los ancianos lo miraban en silencio, figurándose que el dolor desaparecería del corazón del inspector y su alma se volvía más ligera. El gobernador lanzó un suspiro:
>
> –¡Es hora de volver a casa! –dijo, poniéndose en pie–. ¡Adiós! Escuche –añadió, dirigiéndose al inspector–, dígales a los músicos que... dejen de tocar y pídale de mi parte a Pável Semiónóvich que les envíe... cerveza o vodka.

Chéjov tampoco nos dice esta vez que hay que estar pendiente de las necesidades de los demás, en particular de los pobres y de los que sufren. La actitud del gobernador habla por sí misma.

El último cuento que presentamos es *El estudiante*, de 1894. La acción transcurre durante un viernes santo. Iván Velikopolski, seminarista, volvía a su casa. El tiempo estaba desapacible, hacía frío, y la pobreza de los *mujiks* se veía por doquier. Pensó que esas circunstancias se repetían desde hacía mucho tiempo, y se volverían a repetir durante los próximos mil años. Cuando pasó junto a una huerta que pertenecía a dos viudas, madre e hija, entró para calentarse junto a un fogón. Les recordó que en una noche como esa, el apóstol Pedro se había calentado junto al fuego mientras había negado al Señor. Narró conmovido la escena del Evangelio, que termina con el llanto amargo de Pedro que había traicionado tres veces a Jesús. Las dos viudas reaccionaron al relato: una llora, la otra adoptó una expresión rígida, como conteniendo un profundo dolor. El estudiante siguió su camino, notablemente conmovido. Estas fueron sus reflexiones:

> El estudiante volvió a pensar que, si Vasilisa se había echado a llorar y su hija se había turbado, esto significaba que

el suceso que él había relatado, acaecido diecinueve siglos antes, guardaba alguna relación con el presente, con aquellas dos mujeres y, probablemente, con la desierta aldea, con él mismo y con todos los hombres. Si la vieja había llorado no era porque él hubiera sabido contar el episodio de forma conmovedora, sino porque Pedro le resultaba cercano, y cuanto había sucedido en su espíritu aquella noche conmovía todo su ser.

Una súbita alegría inundó su alma. Incluso tuvo que detenerse un momento para recuperar el aliento. El pasado, pensaba, estaba ligado al presente por una cadena ininterrumpida de acontecimientos que se sucedían. Y tenía la sensación de que acababa de ver los dos extremos de esa cadena: al tocar uno de ellos, había vibrado el otro.

Más tarde, mientras atravesaba el río en una balsa y ascendía una colina, contemplando su aldea natal y la estrecha franja del ocaso, que brillaba a occidente con su luz púrpura y fría, pensaba que la verdad y la belleza, que habían guiado la vida humana en el huerto de los Olivos y en el patio del sumo pontífice y habían perdurado de manera ininterrumpida hasta el día presente, constituirían por siempre lo más fundamental de la vida humana y de todo cuanto había sobre la tierra. Un sentimiento de juventud, de salud y de fuerza –solo tenía veintidós años– y una dulce e inefable esperanza de felicidad, de una misteriosa y desconocida felicidad, se apoderaron poco a poco de él, y la vida se le antojó maravillosa, encantadora, imbuida de un elevado sentido.

Como diría Chéjov, huelgan los comentarios.

* * *

En sus obras de teatro, Chéjov sigue con la misma temática que en sus cuentos: presentar la vida tal como discurre entre gente normal y corriente. Perdura el mutismo del autor en cuanto a las valoraciones morales. Las historias pueden ser tragedias o comedias según la perspectiva del lector. Lo Gatto comenta acertadamente que Chéjov tiene la capacidad de «ver cómicamente sintiendo tristemente»[4].

Más allá de los sucedidos de la trama, aquí y allá aparecen personajes que transmiten un mensaje claro. Tomemos como ejemplo *Tío Vania*. La historia transcurre en una finca rural. La monotonía de una vida sin mayores relieves se ve interrumpida por la llegada de un escritor ya anciano y su joven y bella mujer, que revolucionan la casa. Cuando estos dejan la finca y vuelven a la ciudad, Vania y su sobrina Sonia deben afrontar la vuelta a la normalidad. Lo gris y rutinario de una vida a la que no le encuentra sentido se le hace demasiado pesada a Vania, que exclama:

> –¡Niña mía! ¡Qué desesperado estoy! ¡Oh, si supieras cuanto sufro!
>
> Sonia responde:
>
> –¿Y qué podemos hacer? ¡Hemos de seguir viviendo! ¡Seguiremos viviendo, tío Vania!
>
> Viviremos una larga larguísima serie de días, de interminables tardes. Soportaremos con paciencia las pruebas que nos mande el destino; trabajaremos para otros, lo haremos siempre, y no descansaremos. Cuando nos llegue la hora, moriremos sin protestas, y allá, en el otro mundo, diremos que hemos sufrido, que hemos llorado, que nuestra vida ha sido amarga, y Dios se compadecerá de nosotros. Y entonces, querido tío, comenzaremos una nueva vida luminosa y bella, seremos felices. Miraremos estos sufrimientos de ahora con ternura, con una sonrisa, y descansaremos.

---

[4] LO GATTO, E., cit., p. 418.

> Tengo fe en esto, tío, una fe profunda, apasionada... (...) ¡Descansaremos! Oiremos a los ángeles y veremos todo el cielo cuajado de diamantes. Verás cómo todo el mal de la tierra, todos nuestros sufrimientos se desvanecen ante la misericordia que llenará el mundo entero, y nuestra vida se tornará serena, suave, dulce como una caricia. Creo, creo en eso... (*Le seca los ojos con su pañuelo*). ¡Pobre, pobre tío Vania, está llorando!... (*Entre lágrimas*). No has conocido las alegrías en tu vida, pero aguarda, tío Vania, aguarda... Descansaremos... (*Le abraza*). ¡Descansaremos!

La rutina de la vida ordinaria es vista de modo muy distinto por el que no tiene ojos más que para esta vida, y por aquel que tiene esperanza en una vida en el más allá, donde le espera un Dios lleno de misericordia.

No todos los personajes del teatro de Chejov comparten la esperanza de Sonia. En esta misma obra hay un médico, Astrov, que confiesa que en su vida no tiene ninguna luz que lo ilumine. Además, está preocupado por lo que hoy llamaríamos la degradación ecológica. Sus comentarios cobran particular actualidad. Señalando un mapa, dice a Yeliena:

> Fíjese aquí. Es un diseño de nuestro distrito tal como era hace cincuenta años. Los tonos verde claro y oscuro representan bosques; la mitad de la superficie total estaba cubierta de bosques. Donde he puesto rojo sobre el verde quiere decir que solían encontrarse alces y cabras monteses... Están señaladas la flora y la fauna. En este lago vivían cisnes, gansos, patos, y como dicen los viejos, había montones de pájaros, de todas clases, que solían volar en bandadas. Además de aldeas y villas, podían verse por aquí toda clase de villorrios; caseríos, monasterios, molinos de agua... El ganado y los caballos abundaban, según indica el color azul

> celeste. Por ejemplo, fíjese qué extensión ocupa en esta región. Había gran cantidad de caballos y a cada casa le correspondían tres por término medio. Ahora veamos más lejos. La situación de hace veinticinco años. Únicamente un tercio de la superficie está cubierta de bosque. Las cabras monteses se han extinguido, pero aun quedan alces. Los tonos verdes y azul celeste son más reducidos, etc., etc. Fíjese en la tercera sección: la situación actual del distrito. En alguna parte aún hay verde, pero a manchas y no de manera continua. Han desaparecido los alces, los cisnes y los urogallos. No queda ni rastro de los caseríos, ermitas y molinos de antaño... En general, es un cuadro de indudable y gradual decadencia, que sin duda dentro de diez o quince años será completa. Usted dirá que son la consecuencia de la civilización, que las viejas costumbres han tenido que dar paso a las nuevas. Cierto, y yo lo aceptaría, si en lugar de estos bosques asolados hubiese ahora carreteras y ferrocarriles, si existiesen fábricas, talleres y escuelas. Entonces el pueblo sería más sano, más rico, más culto; ¡pero aquí no hay nada de eso! Aun tenemos los mismos pantanos y mosquitos, la misma falta de caminos, miseria, tifus, difteria e incendios. Nos enfrentamos con el cuadro de una decadencia motivada por la desesperada lucha por la existencia; una decadencia producida por la inacción, la ignorancia, por la más completa irresponsabilidad, como cuando un enfermo, hambriento y aterido, para salvar simplemente lo que aun le resta de vida, así como para salvar a sus hijos, se aferra inconscientemente, de modo instintivo, a algo que pueda satisfacer su hambre, y reconfortarle, y al hacerlo lo destroza todo, sin pensar en el día de mañana... Casi todo ha sido ya prácticamente destruido, pero no se ha creado nada que lo sustituya.

Son palabras pronunciadas cien años antes de la encíclica *Laudato si'* escrita por el Papa Francisco. Pero, a diferencia de la actitud existencial de Sonia, en las palabras de Astrov falta la esperanza. Como le sucede a un personaje de *La gaviota*, Trepliov, escritor incomprendido que tiene una relación sentimental no correspondida y a quien le falta el afecto de su madre. Trepliov termina suicidándose. Chejov no justifica este acto desesperado, pero sin decir nada explícitamente, el lector echa su mirada sobre la madre que, ocupada vanidosamente de sí misma y de su carrera artística, negó a su hijo el afecto y la comprensión que hubiera debido darle.

Añadamos algún comentario a otras dos obras de teatro. *El jardín de los cerezos* narra la venta de una casa rural con un jardín de árboles frutales. La familia que la vende es de raíces aristocráticas, pero endeudada. La dueña de la finca –una mujer entrada en años, sentimental, que vive habitualmente en París– no se quiere desprender del lugar de sus recuerdos: cuando regresa a su casa, después de muchos años, contempla las paredes y los techos «con un amor lleno de ternura».

Pero la situación financiera de la familia es insostenible, y deben vender. La compra un comerciante, nieto e hijo de siervos que habían servido a la familia propietaria. Este hombre posee mucho dinero, y proyecta dividir el terreno para hacer casas de veraneo. Para tal propósito es imprescindible derribar los cerezos. La familia le pide por delicadeza que no empiece a derribarlos hasta que ellos se vayan. En la última escena un lacayo de ochenta y siete años, que representa la tradición señorial de la casa, yace tendido e inmóvil. La familia ya se había marchado: solo se oyen los golpes del hacha en el jardín al derribar los árboles.

¿Tragedia o comedia? Tragedia para los que ven que una Rusia aristocrática está desapareciendo; comedia para aquellos que aplauden el progreso y se ríen de los sentimentalismos de una clase que sigue instalada en el pasado. *El jardín de los cerezos* plantea un problema universal: la lógica añoranza por un pasado que la imaginación frecuentemente muestra como maravilloso –y en realidad no lo ha sido tanto– y un presente que exige cambios que nos alejan cada vez más de ese pasado idealizado.

Hay una escultura de Bernini en la Galleria Borghese, en Roma, que puede arrojar un poco de luz al problema planteado en *El jardín de los cerezos.* Representa a Eneas que huye de Troya. En sus hombros carga con su padre, Anquises, quien lleva los penates –los dioses familiares–, y a su vez conduce de la mano a su hijo Ascanio. Es saludable contar con la tradición, con las raíces, no para anquilosarnos sino para transmitir su riqueza al futuro, adecuándola a los tiempos. Vivir el presente, siendo conscientes de dónde venimos, y desde las raíces proyectarnos hacia el futuro. El tradicionalismo absoluto, así como el progresismo ingenuo son enfermedades antropológicas que sería bueno evitar.

Vivir el presente: es eso lo que precisamente falta en las vidas de los personajes de *Tres hermanas*, la última de las obras de teatro de Chéjov que vamos a comentar. Las escenas transcurren en la casa de los hijos de un general ya fallecido, en una capital de provincia. Son tres hermanas –Olga, Irina y Masha– y un hermano, Andrej. La atmósfera espiritual que se crea a través de los diálogos es de insatisfacción: nadie está contento con lo que hace, y casi todos los personajes ponen sus esperanzas en el cambio de circunstancias y en el futuro, sin intentar modificar el presente, que es la única realidad sobre la que pueden actuar.

Uno de los personajes, Versinin, coronel del ejército, asegura que «dentro de doscientos o trescientos años la vida en este mundo será maravillosa, fantástica. El hombre tiende a una vida así. Usted dirá: pero ahora esta vida no existe. ¡Así es! Hay que soñarla, esperarla, anticiparla, acelerar los tiempos. Por eso el hombre tiene que saber y conocer mucho, pero mucho más que nuestros tíos y abuelos».

Tuzenbach, un barón enamorado de Irina, piensa diversamente:

> Después de nosotros se volará en globo aeroestático; las chaquetas cambiarán de talla; se descubrirá un sexto sentido que tendrá un desarrollo impensado, pero la vida será siempre la misma: esfuerzo, misterio, felicidad. Y después de mil años el hombre suspirará: ¡Ah, qué pena causa vivir!, pero tendrá miedo a la muerte y se agarrará desesperadamente a la vida.

Versinin considera que la felicidad no es algo para nosotros: le tocará a nuestros nietos en un futuro mejor; Tuzenbach afirma que él ya es feliz, y que hay leyes inmutables en la naturaleza que son eternas. Aunque no entendamos por qué las aves vuelan, seguirán volando. Masha interviene en la conversación:

> Para mí el hombre tiene que tener una fe, o buscársela. Si no, la vida está vacía... vivir y no saber por qué vuelan las grullas, por qué nacen los niños, por qué existen las estrellas... O se sabe por qué se vive, o la vida es una broma idiota.

El problema radica en que ninguno de los personajes principales sabe en definitiva por qué se vive. Tienen la imaginación en el futuro: un buen trabajo que satisfaga los deseos de dejar algo hecho para la posteridad; irse a Moscú, donde todo será mejor. Pero nadie enfrenta con realismo las circunstancias que tiene delante. La vida ordinaria les angustia:

> Soy una desgraciada –dice Irina–... No estoy hecha para trabajar, no trabajaré más. ¡Basta, basta! Primero el telégrafo, ahora el ayuntamiento, ¡es lo mismo! Odio las cosas que me hacen hacer, las desprecio... Ya tengo veintitrés años, y a fuerza de trabajar se me secó el cerebro. Heme aquí, flaca, fea, vieja, y nunca nada, nunca una satisfacción. Cuanto más tiempo pasa, se aleja aún más la vida verdadera, profunda, bella. Te parece que resbalas siempre más abajo hacia el abismo... ¡Qué desesperación! ¿Por qué estoy todavía viva, por qué aún no me he matado? No lo sé.

Andrej, el único hermano varón, es un fracasado. Se pregunta a dónde fueron a parar sus proyectos, sus ideas juveniles llenas de generosidad. Cuando se comienza a vivir, después de los sueños de la juventud –dice Andrej– todos nos volvemos grises, ineptos, desgraciados. En su ciudad, fundada hace doscientos años, donde viven cien mil habitantes, no ha habido ni un solo santo, ni un científico, ni un artista: nadie que haya suscitado envidia o deseo de imitarlo. Todos han chapoteado en un charco de mediocridad. Sus conciudadanos no hacen otra cosa que

> comer, beber, dormir, y finalmente, morir... y traer al mundo otros que a su vez comen, beben, duermen, y para no caer en el aburrimiento, se dedican a los chismes, al vino, a las cartas (...), las mujeres engañan a sus maridos, quienes, mintiendo, hacen creer que no ven, y así, a este ritmo, la peste infecta a los hijos, y se apaga el brillo de la chispa divina que poseen, y terminan asemejándose a sus padres y madres, cadáveres ambulantes uno igual al otro.

A pesar de esta visión, Andrej tiene una fe estúpida en el futuro:

> El presente es negro, pero el futuro, ¡ah, el futuro es otra cosa! El horizonte es amplio, sereno, a lo lejos brilla una luz, la veo, veo la libertad, la liberación mía y de mis hijos del ocio, del alcohol, de la oca con repollos, de la siesta de la tarde, del parasitismo cobarde...

Tres hermanas termina de una forma muy parecida a *Tío Vania*: hay que seguir viviendo, y quizá un día en el futuro sabremos por qué.

Chéjov es un maestro a la hora de reflejar la insatisfacción existencial de sus personajes. ¿Qué nos quiere transmitir con esta obra? En una carta que escribe a Máximo Gorki critica la tendencia que tienen los rusos a confiar en un futuro indefinido:

> Estamos habituados a esperar en el buen tiempo, en la buena cosecha, en la buena novela; esperamos enriquecernos o llegar a ser gobernadores de una provincia, pero no noto una esperanza en la gente: la de llegar a ser inteligentes. Pensamos: con el nuevo zar las cosas irán mejor, pero dentro de doscientos o trescientos años irán todavía mejor, y ninguno se preocupa de que esta mejora comience mañana. La vida se complica cada día más y va por su cuenta en una cierta dirección, mientras los hombres se idiotizan a simple vista, y hay cada vez más personas que viven al margen de la vida. Como pobres cojos al lado de la procesión[5].

---

[5] Citado por GUERRIERI, G., *Introduzione* a CHÉJOV, A., *Tre sorelle*, Einaudi, Torino 1991, p. 10.

Evidentemente, Chéjov no comparte el facilismo de sus personajes que, esperando el futuro, no hacen nada para mejorar el presente. Pero quizá Chéjov comparte la angustia de estos personajes que no encuentran sentido a sus vidas ordinarias. Razón de más para que nos esforcemos por encontrar respuestas a los interrogantes que plantean Olga, Masha, Irina y Andrej.

La solución no está en una fuga imaginaria hacia un futuro que no se sabe por qué tendrá que ser mejor, sino en descubrir el valor eterno que tienen las cosas pequeñas de cada día. Para eso es necesaria una visión trascendente de la vida. La cerrazón del horizonte existencial de la mayoría de los personajes de esta obra de Chéjov, pone en evidencia los síntomas de la enfermedad moral del siglo que estaba empezando, cuando se presentó por primera vez *Tres hermanas* en el Teatro del Arte de Moscú en enero de 1901.

EPÍLOGO

«Para mí el hombre tiene que tener una fe, o buscársela. Si no, la vida está vacía... vivir y no saber por qué vuelan las grullas, por qué nacen los niños, por qué existen las estrellas... O se sabe por qué se vive, o la vida es una broma idiota», dice Masha, una de las *Tres hermanas* de Chéjov.

Durante el siglo de oro de la literatura rusa –siglo intenso entre las primeras obras de Pushkin y la muerte de Tolstoi– se formularon continuamente muchas preguntas. No solo giraron en torno a la identidad rusa. Muchas veces, con ocasión de la búsqueda del alma rusa, las preguntas derivaron a problemas más universales: ¿cuál es el sentido de la vida?, ¿qué nos espera después de la muerte?, ¿por qué sufren los inocentes?, ¿cómo hay que vivir para ser felices?

Plantearse preguntas de largo alcance es ya un mérito para una cultura determinada. Ofrecer respuestas es aún más meritorio. Las obras analizadas en este pequeño libro han abordado temas esenciales, es decir, que tocan la realidad última de la naturaleza humana. Enumeremos unos cuantos: necesidad de seguir la conciencia recta (Pushkin); sentido de la obra de arte, dialéctica entre lo universal y lo local, cultura del trabajo y corrupción (Gogol); igual dignidad de la persona humana, conflicto generacional (Turgenev). Estos tres autores nos preparan para los "platos fuertes" de la literatura rusa: Dostoievsky y Tolstoi.

Las preguntas últimas sobre la existencia humana reciben numerosas respuestas en la multifacética obra del autor de *Crimen y Castigo*: Kirillov tiene las suyas, que divergen de las de Aliosha o de las del príncipe Mishkin. Para Dostoievsky la alternativa es radical: o se vive la vida de cara a Dios, hasta llegar a la identificación con el Dios-Hombre, o se intenta sustituir a Dios con la criatura humana, que se yergue prometeicamente, pero también inútilmente. La libertad arbitraria termina destruyendo al hombre y provocando el caos social.

También Tolstoi nos da respuestas convincentes: la vida tiene sentido si la damos a los demás, viviendo el don sincero de nosotros mismos. Lo entendieron así, en sus últimos momentos, Andrej Volkonski, Ivan Illich, Vasilij Andrejc. Hay en Tolstoi otras respuestas al sentido de la vida: la fe en un Dios cercano, que lo presencia todo, llena de paz y de serenidad el alma, y permite contemplar la belleza de la creación y de la vida en un abandono filial y confiado a la Providencia. Así lo aprendió Pierre Bezujov del sencillo Platón Karataev.

El último de los autores estudiados, Chéjov, nos deja en herencia centenares de cuadros de la vida cotidiana. Sus narraciones a veces nos hacen sonreír, otras nos llenan de melancolía, todas nos hacen pensar. Se advierte un deseo de fe y esperanza que el autor admiraba pero no poseía. Estamos entrando con él al siglo XX: la esperanza trascendente se transformó en las utopías sociales que cubrieron de dolor, opresión y odio el otrora vasto imperio del zar. Muchos hombres que habían perdido la fe, la sustituyeron por la ideología. Prometieron la felicidad en esta tierra, pero la convirtieron en un inmenso campo de concentración. En un cuento de 1892, *La sala número seis*, Chéjov pone en los labios de Gromov, un loco que sufre manía de persecución, un canto de esperanza para el futuro ruso:

> Llegarán, sí, llegarán tiempos mejores. Quizá a Usted le parezca ridículo lo que estoy diciendo, pero preste atención: en la tierra nacerá un día mejor en el cual la verdad saldrá victoriosa, y los pobres, los humildes, los perseguidos, los desgraciados alcanzarán la felicidad que se merecen y que ahora no poseen. Quizá entonces yo no estaré allí, pero poco importa. Me complazco en pensar que las generaciones futuras serán felices, y yo les doy la bienvenida de corazón: ¡Adelante, amigos míos! ¡Que Dios os proteja, amigos desconocidos del lejano futuro!

Lamentablemente, no llegaron tiempos mejores: Rusia cayó nuevamente en las atrocidades de la guerra, en el despotismo y en la supresión de las libertades. Se cumplen ahora cien años de la Revolución rusa. Al contemplar tanto sufrimiento acumulado, no nos queda sino arrodillarnos, como hizo Raskolnikov con Sonia en una célebre escena de *Crimen y Castigo*. El asesino, de rodillas ante la adolescente, besa su pie mientras le dice:

> No me inclino ante ti sino ante todo el dolor humano.

BIBLIOGRAFÍA CITADA

BERDIAEV, N., *El espíritu de Dostoievsky*, Nuevo Inicio, Granada 2008.

BERLIN, I., *El erizo y la zorra*, Península, Barcelona 2009.

BLOOM, H., *Cómo leer y por qué*, Anagrama, Barcelona 2007.

CHESTERTON, G.K., *Dickens*, Ediciones Argentinas Cóndor, Buenos Aires 1930.

CHUDOBA, B., *Rusia y el Oriente de Europa*, Rialp, Madrid 1980.

FIGES, O., *El baile de Natasha*, Edhasa, Barcelona 2010.

GHINI, G., *Anime russe. Turgenev, Tolstoj, Dostoevskj. L'uomo nell'uomo*, Ares, Milano 2015.

GUARDINI, R. *Il mondo religioso di Dostojevski*, Morcelliana, Brescia 1951.

GUERRIERI, G., *Introduzione* a CHÉJOV, A., *Tre sorelle*, Einaudi, Torino 1991.

JUAN PABLO II, *Discurso a la Asamblea General de las Naciones Unidas*, New York 5-X-1995.

KIERKEGAARD, S., *Aut-Aut*, Adelphi, Milano 1989.
LACASA, A., Introducción a PUSHKIN, A.S., *Narraciones completas*, Alba, Barcelona 2003.
LO GATTO, E., *La literatura rusa moderna*, Losada, Buenos Aires 1972
MASSIE, R., *Pedro I el Grande*, Alianza, Madrid 1987.
– *Nicolás y Alejandra. El amor y la muerte en la Rusia imperial*, Ediciones B, Barcelona 2004.
MAUROIS, A., *Turgueniev*, Aguilar, Madrid 1931.
MIRSKIJ, D.S., *Storia della letteratura russa*, Milano 1965.
NEMIROVSKY, I., *La vida de Chéjov*, Noguer, Barcelona 1991.
PAREYSON, L., *Dostoievski. Filosofía, novela y experiencia religiosa*, Encuentro, Madrid 2008.
PIOVESANA, G., *Storia del pensiero filosofico russo*, Paoline, Cinisello Balsamo 1992.
RATZINGER, J. – PERA, M., *Senza radici*, Mondadori, Milano 2000.
RÍOS, A., *Lev Tolstoi. Su vida y su obra*, Rialp, Madrid 2015.
SATTA BOSCHIAN, L., *Ottocento russo. Geni, diavoli e profeti*, Studium, Roma 1996.
SPENDEL, G., *Introduzione* a TURGENEV, I., *Romanzi*, O. Mondadori, Milano 1991.
STEINER, G., *Tolstoi o Dostoievski*, Siruela, Madrid 2002.
TOLSTAJA, A. L., *La vita con mio padre*, Castelvecchi, Roma 2014.
TOLSTOI, L., *Correspondencia*, Acantilado, Barcelona 2008.
TROTSKI, L., *N.V. Gogol*, en *Vostóchnoe Obosrénie*, 21-II-1902.
TROYAT, H., *Dostoievsky*, 2 vols., Salvat, Barcelona 1985.
TURGENEV, I.S., *Hamlet y don Quijote*, en "Nueva Revista" (Madrid), n. 56, 1998.
ZWEIG, S., *Tres maestros*, Juventud, Barcelona 1987.

Este libro, publicado por
Ediciones Rialp, S. A.,
Manuel Uribe, 13, 28033
Madrid, se terminó de
imprimir en Anzos, S. L.
(Fuenlabrada), el 3 de
noviembre de 2016.